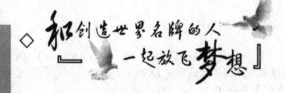

◇ 和创造世界名牌的人
「 一起放飞梦想 」

◇ # 疯狂的法拉利

fengkuang de falali

◇ 代安荣◆编著

吉林出版集团有限责任公司

图书在版编目（CIP）数据

疯狂的法拉利 / 代安荣编著. -- 长春 : 吉林出版集团有限责任公司，
2013.10

（和创造世界名牌的人一起放飞梦想）

ISBN 978-7-5534-3411-7

Ⅰ.①疯… Ⅱ.①代… Ⅲ.①法拉利，E.（1898~1988）—生平事
迹—青年读物②法拉利，E.（1898~1988）—生平事迹—少年读物
Ⅳ.①K835.465.38-49

中国版本图书馆CIP数据核字（2013）第237874号

疯狂的法拉利
FENGKUANG DE FALALI

编　　著：代安荣
项目负责：陈　曲
责任编辑：陈　曲　潘　晶
出　　版：吉林出版集团股份有限公司
发　　行：吉林出版集团社科图书有限公司
电　　话：0431-81629727
印　　刷：北京一鑫印务有限责任公司
开　　本：710mm×960mm　1/16
字　　数：100千字
印　　张：12
版　　次：2014年3月第1版
印　　次：2019年7月第2次印刷
书　　号：ISBN 978-7-5534-3411-7
定　　价：23.80元

如发现印装质量问题，影响阅读，请与出版方联系调换。0431-81629727

序 言

PREFACE

梦想与生命共存　传奇与我们同在

当你拥有这套《和创造世界名牌的人一起放飞梦想》系列丛书并真正读懂它的时候，祝贺你，你已经向成功又迈近了一大步，并可以为自己的人生勾画一张蓝图了。

开卷有益，我们不是猎奇，不是对世界名人和超级品牌的奇闻轶事简单地一声惊叹，而且通过阅读，让我们的视野变得更加开阔，让我们能够更好地认识这个世界，并找到适合自己的成功之路。

这是一套全方位满足你阅读愿望的好书，文字鲜活，引人入胜。这里有商界巨鳄的传奇创业故事，也有他们普通如你我的日常生活，当你随着一行行文字重走他们的人生之路时，你的心一定会在波澜起伏中感到一种快意。或许他们的成功不能复制，但是他们的坚韧、执着、宽容——这些成功的要素，我们可以复制。

通过阅读名人的成长故事，重温名人的创业之路，我们会发现，健全的人格、自由的意志、高远的理想、敢于实践的勇气、高瞻远瞩的见地、坚毅勇敢的性格、理性处世的原则、独立思考的习惯、幽默风趣的表达方式……一个人成功的诸多要素都以具体而形象的方式展现在你的面前。

每个人都有自己的生活轨迹，然而成功之路殊途同归，这一路上你的行囊里必须要装入梦想、希望、宽容和坚韧。

请给自己一个梦想吧！梦想是成功的种子，梦想是希望的支点。从这套书中你会发现，每一个了不起的品牌里都承载了品牌创始人那激越的梦想。是梦想，让他们充满激情，斗志昂扬；是梦想，在困境中带给他们希望，让他们有了坚持下去的勇气；是梦想，激励他们不断向前进！

为梦想不懈地努力吧！从这套书中你会明白，任何人的成功都不会一帆风顺，在鲜花和掌声的背后，有太多不为人知的痛苦。那些创业中的失败、徘徊和挫折，对我们来说更具有启迪的价值。真正的勇敢者，并不是无所畏惧，而是在面对挫折的时候，能及时调整自己，正视艰难困苦，不放弃希望。所谓成功，不过是努力的另一个名字罢了。

伟大的戏剧家莎士比亚曾说："一个最困苦、最卑贱、最为命运所屈辱的人，只要还抱有希望，便无所怨惧。"

生命只有一次，让我们在阅读中汲取无穷的力量吧！《和创造世界名牌的人一起放飞梦想》系列丛书会带你走进一个传奇世界，仔细阅读并把你的梦想付诸实践，你也许会成为下一个传奇。

带上我们的梦想启程，为我们璀璨夺目的人生而奋斗！

目 录
Content

前 言
Introduction

　　每个人都应该有属于自己的梦想，有精彩的梦想才会有精彩的人生，有伟大的梦想才会有伟大的人生。

　　恩佐·法拉利一生追逐他的汽车梦，从未停下脚步，因此他获得了无数荣誉和奖励：

　　1960年，他获得了由博洛尼亚大学授予的机械工程学荣誉学位；

　　1962年，联合国向他颁发了哈马舍尔德奖；

　　1965年，他荣获"Columbus大奖"；

　　1970年，意大利总统把"文化艺术金奖"颁发给了他；

　　1979年，他荣获由佩尔蒂尼（Pertini）颁发的"Cavaliere di Gran Croce della Repubblica Italiana"荣誉称号；

　　1988年，摩德纳大学授予他物理学荣誉学位。

　　不仅如此，恩佐·法拉利以及他带领下的法拉利车队还赢

得了14次勒芒24小时拉力赛冠军和9次F1总冠军。无论是宝马还是戴姆勒—克莱斯勒，任何一个成功的企业集团都无法打破法拉利所创造的冠军神话。正因为如此巨大的成就，恩佐·法拉利被誉为"赛车之父"。

今天，当我们惊叹恩佐·法拉利所取得的巨大成绩的时候，其实并没有多少人会去思考这其中的原因：恩佐·法拉利是如何取得这些成绩的？他付出了怎样的努力？了解法拉利生平的人都知道，在法拉利成长的过程中，他既没有得到父亲的谆谆教诲，也没有受到母亲耳濡目染的熏陶，他本人更没有过人的智慧。仅仅是因为父亲一个偶然的行为，法拉利就在心中播下了梦想的种子，这颗种子在法拉利的心中生根、发芽，并因此激励着法拉利不断地去追逐自己的梦想，实现自己的梦想，最终把自己的梦想擎到天堂的高度。

正因为对汽车有着浓厚的兴趣和巨大的热情，恩佐·法拉利才能从容地面对困难和挫折，并且找到克服困难和挫折的办法。当他的父亲因为他年纪小而拒绝了他学习驾驶的请求时，他没有放弃，而是不断地向父亲诉说自己的渴望，终于用决心和诚意打动了父亲，从此开始了与汽车的亲密接触；当他的父亲和哥哥相继离世，家境突然陷入窘迫的时候，他没有放弃，而是勇敢地承担起生活的重担，努力工作赡养母亲；当他应征入伍之后身患重病，一度徘徊在死亡边缘的时候，他没有放弃，而是怀揣着对未来的憧憬，努力让自己尽快地好起来；当他满怀希望去一家大公司求职，却因被误解而遭到拒绝的时候，他也没有放弃，而是继续寻找机会，最终成为一名试车手，这一切都是梦想的力量。

是梦想的力量，鼓舞着恩佐·法拉利驾驶心爱的赛车一路驰骋，最终驶上赛车冠军的宝座；是梦想的力量，指引着恩佐·法拉利从车队经理这个新的起点出发，组建自己的车队，进而成立自己的公司；是梦想的力量，激励着恩佐·法拉利完成了从车手到检测工程师、车队管理者、企业经营者以及赛车制造者的华丽转身，并最终把"法拉利"这个品牌打造成行业里的翘楚。

今天，青少年朋友们学习恩佐·法拉利，最重要的一点就是要找到他成功的根源所在，并且在自己的人生中找到真正的成长点。纵观恩佐·法拉利的一生，我们不难发现，恩佐·法拉利确实是一位精明强干的商人，是一位头脑灵活的企业家。但是，这些还不足以成就他的传奇，如果没有一种坚持不懈、百折不挠的精神，那匹奔腾的"跃马"根本不可能跑到今天。恩佐·法拉利用自己的故事告诉我们，一个人要想成功，首先要树立明确的目标，然后向着目标努力前进。在这个过程中，你可能会遇到挫折、困难，有时候甚至要从头再来，但是只要你不放弃，坚持到底，就有可能获得成功。

和创造世界名牌的人

一起放飞梦想

Let the dream fly

当你在老师和父母的帮助下确立了一个人生梦想时，你是非常幸运的，因为这个梦想有可能成为你人生发展的重要支柱，甚至成为你人生发展的灵魂。一个人如果没有梦想，就不会有明确的奋斗方向，更不会有昂扬的生活激情，每天仅是稀里糊涂地过日子，在平淡中度过每一天，让时间从自己的身边悄悄溜走。

这本书通过恩佐·法拉利的故事告诉你一个道理，那就是要在生活中树立理想，播下梦想的种子，并为自己的梦想不断攀登人生的高度，让自己成为一个充满激情的人，让自己成为一个怀抱梦想的人。

生命需要激情，生命更需要梦想去点燃激情，从而让自己的生命力得到唤醒、焕发。在人生的道路上，我们要不断地追逐梦想；在人生的道路上，我们要不断地焕发青春的活力，并永远保持这样的青春活力，创造出自己伟大的人生。

人生，有梦才精彩；人生，有激情才能焕发出生命的活力。

Ferrari

第一章　走在逐梦路上

Ferrari

第一节　铸铁厂厂主的儿子

> 梦想只要能持久，就能成为现实。我们
> 不就是生活在梦想中的吗？
>
> ——丁尼生

1898年2月18日，意大利北部下起了漫天大雪。摩德纳城街道上寒风凛冽，鹅毛般的雪花从天空中纷纷扬扬地飘落下来，把整个城市装点得一片洁白，犹如一个奇幻的世界。城市被淹没在雪中，街区间的房屋犹如一块块巨大的白玉，鳞次栉比，高低不等。孩子们的小脸蛋紧贴在玻璃窗上向外张望着，他们瞪大了眼睛，惊奇地看着外面雪白的世界，看着屋外行走的大人们。

在城里一条街道的拐角处有一幢不高的小楼房，屋里的火炉烧得旺旺的，十分暖和，人们进进出出地忙碌着，等待着一个小生命的降生。

年轻的阿尔弗雷多此刻正紧张地在屋里不停地走动着，像所有年轻的父亲一样，显得焦急不安而又充满期待。他一会儿

坐在沙发上，一会儿又站起身来，时而微笑，时而蹙眉。阿尔弗雷多走到内室门口侧耳倾听里面的动静，他十分期待他们第二个孩子的到来。

"先生，您让仆人快点儿把热水准备好，一定要滚烫的。"接生医师的助手从房间里伸出头来对阿尔弗雷多说。

"好的，好的，我这就去让她准备。"阿尔弗雷多一边答应着，一边大声吩咐着女佣人。女佣人早就把水烧好了，因为她自己也有三个孩子，自然知道生孩子都需要准备些什么。一听到喊声，她就将热气腾腾的开水舀到盆里，端着走进了内室。

阿尔弗雷多站在内室门口，他凝神屏气，仔细谛听着里面的动静。内室里传来了医疗器械轻轻的撞击声，还有他妻子的呻吟声。他站在那里等了很久，心里七上八下，十分不安，他期待着上帝赐给他的礼物。

"哇，哇……"从内室里突然传出了婴儿一声声的啼哭。

"先生，祝贺您，是一个大胖儿子。"接生医师从内室里走出来向他道贺。

"谢谢医生，您辛苦了。"年轻的阿尔弗雷多非常高兴，他大声宣布自己对儿子未来的期许，"我的儿子将来一定是个优秀的工程师。"

看到阿尔弗雷多高兴的样子，大家都笑了。送走了医生，家人们高高兴兴地谈起新生儿的美好未来。

阿尔弗雷多和妻子阿达尔吉萨的第一个儿子生于1896年，已经两岁多了，大儿子也叫阿尔弗雷多，小名埃佛。他认为第一个儿子的名字太普通了，就和妻子商量，要给这刚刚出生不久的第二个儿子起一个响亮的名字。经过反复推敲，他们决定给宝贝儿子起名叫恩佐·法拉利。"法拉利"来自意大利文，是"铁"的意思。这个词又和另一个相近的词有联系，有替马匹装上马蹄铁的意思。

大雪整整下了两天才停。2月20日，被这场暴风雪阻隔在家里的阿尔弗雷多终于走出了家门，赶到登记处为新出生的小儿子登记，恩佐·法拉利有了正式的身份和户口。

恩佐·法拉利的家乡摩德纳虽然是意大利北部的一座小城，但它毗邻大都市，交通便利，空气清新。这里还有非常丰富的物产资源，其中包括一种名为拉幕布鲁斯考的起泡红葡萄酒，还有各种香醋、特色菜猪脚和意大利汤饺，在这里人们可以无忧无虑地享受生活。不过在这里居住也有一个缺点，那就是你必须得忍受闷热的夏季和多雾的冬季。为了解决这个问题，当地人曾经试图排干水塘里的水，但事实证明，这种办法并没有多大用处。

在恩佐·法拉利出生时，摩德纳的金属加工业已经闻名整个地区，这里有不计其数的金属加工小作坊。虽然无法考证摩

和创造世界名牌的人

一起放飞梦想

Let the dream fly

德纳是从什么时候开始以金属加工而闻名的，但有一点是可以明确的，那就是对车轴、弹簧以及车身等部件的制造，摩德纳以及周边城镇的金属工匠们的确拥有非常高的工艺水平，而且从马车时代到汽车时代一直如此。

恩佐·法拉利的父亲阿尔弗雷多就经营着这样一个金属加工厂。规模不大，约有30名员工，专门为国有铁路建造桥梁以及为屋顶生产金属部件。恩佐·法拉利曾提到他成长中的这样一个细节："一大早我们就被车间里的锤子声音吵醒。我父亲既是厂子的经理，又是设计师，同时还是推销员和打字员。"法拉利和哥哥的卧室就在车间里面，甚至连门帘都没有。由于缺乏供暖设施，他们的小屋一到冬天就非常寒冷。恩佐·法拉利正是在这些优秀工匠的耳濡目染中成长起来的，在这样环境中长大的孩子，一定会受到这种环境的浸润和启发。

老阿尔弗雷多不仅有一手高超的铸铁手艺，而且为人忠厚淳朴，工作踏实勤恳，因此他把厂子经营得有声有色。他非常爱两个儿子，总是尽量满足他们的要求，他给两个孩子买了三速的自行车，孩子们甚至还可以在一个车间的阁楼上养一群信鸽。恩佐·法拉利家的房子一共有四个房间，不算豪华，但很漂亮，唯一的奢华之处就是粉红色的大理石楼梯。

别以为老阿尔弗雷多是个乏味无趣的工作狂，其实，他的兴趣爱好十分广泛。比如，他热爱音乐，家里放着的那架钢琴就是他为自己购买的，他还会拉大提琴。工作之余，他就会摆弄起他心爱的乐器，沉浸在美妙的音乐世界里，而此时，两个儿子就是他最忠实的听众。在生活的很多方面，老阿尔弗雷多都是一个很细心、很讲究的人。比如他在用打字机写信之前，总是先在信封背面打上草稿，打出来之后在一个小复印机上用紫罗兰色的墨水复印。他的这个习惯给小儿子法拉利留下了非常深刻的印象，后来法拉利也一直都只使用紫罗兰色的墨水写字。

此外，老阿尔弗雷多还是一个如醉如痴的赛车迷。但是他一定没有想到，他的这个爱好竟然对恩佐·法拉利的成长产生了巨大的影响，以至于成为一名赛车手的愿望很早就在恩佐·法拉利的心中生根、发芽，并促使恩佐·法拉利在这条路上越走越远。

第二节　播下梦想的种子

天才，就是强烈的兴趣和顽强的入迷。

——木村久

随着时间的推移，恩佐·法拉利慢慢地成长为一个小小少

年。他从小就爱听妈妈讲故事，每天晚上临睡前，妈妈总要到心爱的小儿子的床前，一边给他盖好被子，一边用手轻轻地拍着他，哄他入睡。每逢这时，顽皮的小法拉利总是央求妈妈："妈妈，您再给我讲一个狮子的故事吧，我特别想听。今天，小朋友给我讲了一个狮子的故事，是他妈妈给他讲的。您也给我讲一个吧，好吗？"小法拉利缠着妈妈，一定要让妈妈给自己讲一个狮子的故事，这个故事让他盼了一整天呢！

"好的，乖儿子，妈妈今天就给你讲一个有关狮子的故事。这还是妈妈小时候听你外祖父讲的呢。"妈妈笑着说。

"太好了，太好了！是外祖父给妈妈讲的吗？那您快讲给我听吧，我都等不及了。"小法拉利一下子从床上坐了起来。

"快躺下，不然会冻病的。"妈妈把小法拉利安顿好，就开始讲了起来：

有一次，狮子和熊同时抓到一只小羊羔。为争夺小羊羔的所有权，它们俩恶狠狠地打了起来。一场恶斗后，双方都受了重伤，有气无力地躺在地上。这时，早已躲在远处坐山观虎斗的狐狸，一见它们两败俱伤，便飞快地跑过去，把躺在它们俩中间的小羊羔抢走了。伤势严重的狮子和熊眼睁睁地看着狐狸抢走了小羊羔，却毫无办法。它们两个唉声叹气地说："我们都错了。我们俩斗得你死我活，却让狐狸得到了好处。"

小法拉利认真地听着，故事中的狮子显然没有狐狸那样狡猾，但是它勇敢，即使面对强大的对手也毫不退缩，小法拉利想象着狮子那威风凛凛的样子，不禁悠然神往。他决定，长大以后也要做一头力量强大的狮子，征战属于自己的世界。

在妈妈的故事中，小法拉利一天天长大，他总是梦见自己也变成了一头强壮的狮子，小动物们见了他，都向他致敬呢！

爸爸妈妈都非常喜欢小法拉利，每逢休息，爸爸总是带他上街，给他买好多东西。当然，爸爸也一定会给大儿子带回来一份。有时候，爸爸会领着两个儿子一起上街，每当这个时候，小法拉利总是快活极了。他昂首挺胸地走在"男子汉们"中间，神气活现的样子"就像狮子一样"，爸爸常常这样称赞他。

小法拉利最盼望的事情就是过生日，因为每当他过生日的时候爸爸都会送给他一份精美的生日礼物。所以，在距离生日到来还有好多天的时候，小法拉利就开始扳着手指头数着天数过日子，盼着这一天早点儿到来。他总是不停地问妈妈自己的生日什么时候到，因为他知道在他生日那天妈妈会给他做生日蛋糕，小伙伴们也会来为他庆祝生日，他会收到很多小礼物，那一刻是他最幸福的时刻。

在期盼中，小法拉利的又一个生日终于到来了。炉火把家烘得暖暖的，大家围坐在火炉前说笑着，妈妈正在厨房里给小法拉利做生日蛋糕。蛋糕香味从烤箱里飘了出来，大家都情不

自禁地喊出声来："好香啊！"

烛光照着小法拉利兴奋得红扑扑的小脸，他在等待着幸福时刻的到来，好像都有点儿等不及了。终于，蛋糕烤好了，妈妈把它端出来，摆放在餐桌上，并且在上面插上几根小小的蜡烛。

"孩子们，都过来坐好。你坐这儿，你坐在那儿。"爸爸张罗着，既威严又慈祥。小法拉利和哥哥并排坐在了一起。

"孩子们，别吵，别吵，今天是小法拉利的生日，我们祝他生日快乐。"爸爸向大家宣告。桌前还有一位邻居家的小朋友巴拉卡，他是小法拉利哥哥的好友。哥哥点燃了生日蜡烛，大家拍着手唱起了生日歌："祝你生日快乐，祝你生日快乐，祝你生日快乐，祝你生日快乐……"

"祝你生日快乐，小法拉利，我的小宝贝，我的小儿子。"妈妈一边亲吻着小法拉利的红脸蛋，一边拍着他的小手说。爸爸让小法拉利合上小手，在点着蜡烛的蛋糕前默默地许愿。小法拉利的愿望是希望妈妈以后给自己讲更多狮子、狐狸、小山羊和小猴子的故事，他还希望自己长大以后能成为一头强壮的狮子。

小法拉利吹灭生日蜡烛后，在大家齐声高唱的生日歌中切开了生日蛋糕，然后分给在场的每一个人。这个时候，他就像一个小大人一样，主持着餐桌上的一切。

"谢谢妈妈。谢谢爸爸。谢谢哥哥。也谢谢你,巴拉卡。"小法拉利看到这么多人为自己庆贺生日,心里别提有多高兴了。

最后,爸爸从身后拿出了一件礼物,递给了小法拉利。小法拉利小心翼翼地把包装打开。哇!是一辆涂了红色油漆的小汽车。小法拉利高兴得从椅子上跳了起来。别看汽车小,它里面可还坐着一个小小的司机呢!小法拉利喜欢极了。

这是小法拉利第一次看到"汽车",尽管是一辆爸爸自己制作的玩具汽车,但这却是一件最让他喜欢的礼物。从此,对于汽车的喜爱就像一粒种子,在他的心中生根。也许当时小法利自己并没有意识到,但是,随着时间的慢慢推移,这粒种子就会发芽、成长,直到成为一棵参天大树,并以梦想的力量,指引着恩佐·法拉利在这条道路上披荆斩棘,向着荣誉、向着成功前进!

和创造世界名牌的人

一起放飞梦想

Let the dream fly

第三节　要强的小男孩

如果你从不接受挑战，就感受不到胜利的刺激。

——（英）谚语

恩佐·法拉利和哥哥的年龄虽然只相差两岁，但是两人的性格爱好却截然不同。哥哥埃佛生性安静，勤勉好学，是一个不折不扣的好学生；而弟弟恩佐·法拉利则恰恰相反，他从小就讨厌学校那种呆板的生活，他宁愿骑自行车、玩轮滑、打老鼠、参加信鸽比赛，甚至宁愿在车间前面的100米跑道上练习竞走，也不愿去学校学习。当一名歌剧演唱家、体育记者或赛车手是恩佐·法拉利童年的梦想，反正只要不受学习成绩限制就可以。这就是恩佐·法拉利，一个不愿意被约束的人。

不过，恩佐·法拉利虽然从小顽皮，但却是一个好奇心很强的男孩子。好奇不仅是孩子的天性，更能激发孩子学习的兴趣。我国著名教育家陈鹤琴曾经说过："好奇动作是小孩子得着知识一个最紧要的门径。"孩子只有对学习产生了兴趣，才能从学习中体验到快乐，才会热爱学习，并主动学习。恩佐·法拉利对周围的世界就一直保持着强烈的好奇心，当他对汽车产生浓厚兴趣的时候，有关汽车的一切，他都感到好奇，比如汽车是如何"工作"的，汽车发生故障时应如何维修，如何才能提高赛车的速度，等等。正是怀着这样的好奇心，恩佐·法拉利才不断地学习、试验，并积累了越来越多关于汽车驾驶、维修以及设计生产方面的知识，这一切都为他最终成为一名赛车设计大师打下了坚实的基础。

正因为有着强烈的好奇心，恩佐·法拉利从小就养成了爱观察、爱探索的习惯。他总是津津有味地看着周围发生的一切，即便是别人司空见惯的事情，在小法拉利的眼里也充满了新鲜的趣味，使他一心想要探究清楚其中的奥秘。有时，小法拉利蹲在地上看着小蚂蚁们忙忙碌碌，在不太平坦的地上绕来绕去地寻找食物，他就想，这些小蚂蚁一定是在弯弯曲曲的路上比赛呢！于是小法拉利就耐心地跟着这些小蚂蚁，它们怎么走他就怎么走，他想看看它们之中谁能先到达终点——蚂蚁窝的洞口。

因为好奇而爱观察，因为好奇而爱思索，小时候的恩佐·法拉利就是这样一个对任何事物都充满好奇的孩子。其实，我们每个人从出生的时候起就有一种对新鲜事物进行探索的心理倾向，所以会经常提出一些稀奇古怪的问题，比如为什

么天空是蓝的？为什么冬天会下雪？为什么小鸟能在天上飞？对于每一个孩子来说，这可能都是一种与生俱来的好奇，孩子们虽然懵懵懂懂，但在他们小小的心思里，都希望自己是一个发现者、探究者和成功者。幸运的是，对于小法拉利来说，他的父母虽然自己并没有很高的文化水平，但是他们从不扼杀孩子的好奇心，而是鼓励他们自己去寻找答案，使得法拉利即便在长大以后，也保持着强烈的好奇心和想象力。这对于他以后从事赛车设计，无疑是非常重要的。

恩佐·法拉利从小就是一个非常要强的男孩，他爱和小伙伴们进行各种比赛，而且每次他都要想办法赢。当然，爸爸是他的好参谋，一遇到难题，他就跑去问爸爸："爸爸，他老是赢我，我该怎么办？"这时，爸爸就会停下手中的工作，听他讲述自己遇到的问题，然后帮他出主意、想办法。每次爸爸帮小法拉利想出好办法后，就会握紧拳头，冲小法拉利有力地挥动一下，以示鼓劲："加油，小法拉利！"小法拉利也会攥紧拳头，模仿爸爸的样子用力地挥一下说："一定能胜利！"然后，就一溜烟地跑开，去争取他的胜利了。

后来，"加油，小法拉利"就成了父子之间经常交流的一种方式。尽管这种交流方式看起来很简单，但父亲坚定的动作和铿锵的语气却深深地印在了法拉利的脑海里。即使在父亲去世以后，恩佐·法拉利也一直觉得父亲就在身边，无时无刻地在给自己加油、鼓劲。

除了自己周围的一群小伙伴，小法拉利还喜欢跟在哥哥埃佛的屁股后面，因此得到了一个绰号——小尾巴。哥哥和邻居家的巴拉卡最要好，常常在一起玩各种游戏。他们喜欢在一起比赛抛石子，看谁抛得远。法拉利虽然年龄小，力气小，但是勇气可不比任何人小。哥哥们比赛，他也一定要参加，和他们一起比一比。当然，小法拉利是比不过他们的，因为他比哥哥们矮半头呢！可小法拉利就是不服气，他总是在想：怎么才能赢呢？

后来，小法拉利提出了新的比赛项目——赛跑。赛跑虽然不需要那么大的力气，但他依然跑不过哥哥埃佛和巴拉卡。只要他们几个人一起赛跑，他就总是落在他们的后面。爸爸也给他出了不少主意，可惜不管用，最后他还是输了。小法拉利心想："也许妈妈会有办法让我赢。"于是，他又跑去问妈妈，他拉住妈妈宽大的裙子不让妈妈干活，一定要请妈妈给他出个好主意。妈妈一边耐心地帮他想办法，一边尽力安慰他，给他讲为什么跑不过哥哥和巴拉卡的道理："小法拉利，你比他们小，腿没有他们长，他们一步等于你的两步。等你长得和他们一样大的时候，你就可以赢他们了。"

妈妈的话让小法拉利心里萌生了新的渴望，他渴望快快长大，拥有更强大的力量，去获得属于自己的成功。

和创造世界名牌的人

一起放飞梦想

Let the dream fly

第四节　快乐的工厂生活

> 好奇的目光常常可以看到比他所希望看
> 到的东西更多。
>
> ——莱辛

在恩佐·法拉利的童年时代，汽车刚刚发明不久，还是一种很新奇的交通工具，价格也比较昂贵。因此，人们很少能看到汽车，尤其是在摩德纳这样的小城。

一天清晨，小法拉利刚刚醒来，就看到爸爸兴奋地对妈妈说着什么。凭感觉，小法拉利知道爸爸一定是要做什么重大决定了，因此才会显得如此激动。

爸爸急匆匆地走了，小法拉利急忙跑过去问妈妈："妈妈，爸爸这么高兴，他干什么去了？为什么不带我去呢？"

妈妈笑着说："小法拉利，还记得爸爸送你的生日礼物吗？今天爸爸就会买一辆真的小汽车回来。你好好在家等着吧，等爸爸把车开回家，就让他带上你到街上去兜风。"

"噢，我家要有小汽车啦！"小法拉利一溜烟似的跑出家门，忙着把这天大的好消息告诉自己的小伙伴们。

不一会儿，小法拉利又兴高采烈地跑了回来，他要第一个看到爸爸开回来的小汽车，他还要让爸爸把自己抱上车，带着自己到街上兜风，他要让所有的小朋友们都看一看他家的小汽车。等啊等，等啊等，迟迟不见爸爸和小汽车的小法拉利有一些失望。天慢慢地黑了，小法拉利和哥哥都有点饿了，肚子咕噜咕噜地叫着。天已经完全黑了，爸爸还没有回来，这可把小法拉利和哥哥急坏了。

"嘀嘀！"正在这时，门外传来了奇怪的声音。隔着窗户小法拉利看见，在昏黄的路灯下一个长方形的盒子正向他家移动过来。"汽车！一定是爸爸开着汽车回来了。"那就是他梦寐以求的汽车。

"爸爸回来了！妈妈，哥哥，爸爸回来了！"小法拉利一边大声喊着，一边飞快地朝门外跑去。爸爸坐在小汽车里，手握着一个圆环样的东西。此时，爸爸也正兴奋地向小法拉利挥手。

"妈妈，妈妈，我们家的小汽车开回来啦！"小法拉利用他所能发出的最大声音喊叫着，他要让小伙伴们全都知道，他的爸爸把新买的小汽车开回家了。

爸爸把车停稳，跳下车，一下就把小法拉利抱了起来，放进了车里，然后又把小法拉利的哥哥也抱上了车。小法拉利高

和创造世界名牌的人

一起放飞梦想

Let the dream fly

兴得在车上又蹦又跳，然后他自己跳下车，围着小汽车转来转去，连妈妈叫他去吃饭也不愿意去。

自从有了这辆小汽车，爸爸下班以后的第一件事就是开着它，带上兄弟俩到街上去兜风。行驶在有些颠簸的路上小汽车左右摇晃，小法拉利的身子一会儿倒向左边，一会儿又倒向右边，爸爸不时地提醒他："坐稳了，小法拉利。"有时，在路上看到自己的小伙伴，小法拉利就会大声地跟他们打招呼。小伙伴们都向他投来羡慕的目光，他们用力地向小法拉利挥着手，高喊着他的名字，小法拉利快活极了。

让法拉利一直感到骄傲的是，他的爸爸是摩德纳小城里第一个拥有汽车的人。法拉利一直都记得，爸爸于1903年购买的第一辆汽车，是法国产的单汽缸德·迪翁·布通轿车。爸爸十分爱惜这辆汽车，为此他还专门请了一个司机兼杂工来负责汽车的保养和维护。老阿尔弗雷多对汽车的喜爱也在无形中影响了恩佐·法拉利，当恩佐·法拉利还是一个少年的时候就已经开始接触并了解汽车了，他从内心深处喜欢上了汽车，这一切都为他以后的人生奠定了基础。

随着汽车的逐渐普及，摩德纳小城里的汽车越来越多。不过，由于那时的制造技术还不太高，汽车很容易就出现故障，以至于人们经常看到汽车开着开着就停在了路中央的现象。爱汽车的老阿尔弗雷多从中看到了商机，他不失时机地开了一家汽车引擎维修工厂，专门替出毛病的汽车"治病"。

自从开了这家工厂，小法拉利的生活就变得忙碌起来。每天早上一醒来，小法拉利做的第一件事，就是赶快向妈妈要一些吃的东西，吃完以后好到爸爸的修车厂去，看着工人叔叔修理那些奇妙的零件。这些零件一个齿轮挨着一个齿轮，只要其中的一个齿轮转动，其他的齿轮就都跟着转动起来，这让小法拉利觉得太奇妙了。

小法拉利越来越喜欢到爸爸的汽车引擎维修厂去玩儿。别看他年纪小，在维修厂里他可比爸爸和工人师傅们还忙呢。他总是跑来跑去地看着爸爸和工人师傅们干活儿，而爸爸和工人师傅们也总喜欢喊他："小工程师，搭把手，把螺丝刀递给我，再把扳子递给我。"每当这个时候，小法拉利都非常开心，他忙忙碌碌地跑前跑后，为师傅们做各种小事。他的两只小手沾满了黑黑的油泥，有时他就用那双小黑手去擦自己脸上的汗，结果弄得小脸蛋也黑糊糊的，把爸爸和工人叔叔们逗得哈哈大笑。

小法拉利发现，爸爸和工人师傅们工作起来都非常认真，他们总是十分仔细地检查这儿检查那儿的，就像他和小伙伴们在一起玩儿泥巴做手工一样，一丝不苟。可别小看了爸爸和工人师傅们的工作，引擎是汽车的心脏，它要是坏了，汽车就开不起来了，可想而知他们的工作有多重要。小法拉利最喜

和创造世界名牌的人

一起放飞梦想

Let the dream fly

欢站在一个大个子叔叔身边看他干活儿，大个子叔叔的每一个动作都十分小心、仔细。有时，干着干着，他还会停下来看一看图纸，再用卡尺认认真真地量一量机床上的汽车配件。偶尔，还侧过头向小法拉利做一个鬼脸，逗他笑一笑。小法拉利最不喜欢的事情就是大个子叔叔突然用他那双油乎乎的黑手在自己白白嫩嫩的小脸上捏一下，小法拉利马上就变成了一个大花脸。不过，尽管这样，小法拉利还是喜欢蹲在离他不远的地方看他修车，因为大个子叔叔的修车技术非常好，连爸爸也常常夸奖他。

这间小工厂成了法拉利童年的乐园，在这里逗留的时间越长，法拉利对汽车的构造就越感兴趣。有一次，他看到大个子叔叔又成功地修好了一辆汽车的引擎，他突然也想试一试自己的手艺。他拿出爸爸送给他的那辆小汽车模型，决定拆开看看它的内部有没有引擎，是不是和真的汽车一样。小法拉利先从小小的汽车窗口往里看，但却什么都看不见。他想："嗯，可能它没有引擎。要不，它怎么不能自己跑起来呢？要是里面有引擎，就用不着再从后面推它了。现在要想让它跑起来，还必须得在它后面推它一下才行。"小法拉利转念又一想："不行啊，它就是有引擎也没用啊，因为没有这么小的人能够钻到里面去开它。"小法拉利越想越觉得有趣，不由得偷偷地笑了起来。

第五节　梦想开始的地方

梦想一旦被付诸行动，就会变得神圣。

——阿·安·普罗克特

日子飞一般地流逝，小法拉利一天天地长大。让他感到像过节一样的日子，是那段跟爸爸和哥哥一起在赛车场上度过的时光。恩佐·法拉利的爸爸老阿尔弗雷多不仅是一个技艺超群的铸铁好手，还是一个"赛车迷"，他经常带着兄弟俩去博洛尼亚看汽车大赛。

1908年9月6日，在爸爸的带领下，恩佐·法拉利和哥哥第一次来到博洛尼亚观看比赛。博洛尼亚赛道位于城郊，是由普通公路结合艾米利亚公路的一部分改造而成的。这个赛道上明星云集，当时最出色的两位赛车手都在这里比赛：27岁的来自都灵的高个子蓝眼睛的菲利斯·纳扎罗和26岁的皮埃蒙特人文森佐·蓝旗亚，他们开着菲亚特跑车在50公里长的赛道上飞驰。这次比赛中，蓝旗亚创造了最快圈速，而纳扎罗却取得了最后的胜利，他在直道上的平均时速是每小时74公里。

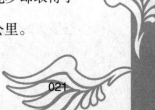

和创造世界名牌的人

一起放飞梦想

Let the dream fly

　　那是一场惊心动魄的比赛，小法拉利被赛车这项运动深深地吸引了，比赛的惊险、刺激让他兴奋到了极点。直到这时法拉利才发现，原来自己竟然那么喜欢比赛场上的那种气氛。赛车风驰电掣，呼啸而过，观看比赛的人们声嘶力竭地为自己喜爱的赛车手加油。最后，当赛车手驾驶着飞驰的赛车冲过终点时，人们用震耳欲聋的欢呼声向他表示祝贺，那种场面真让人疯狂。

　　每当比赛结束人们纷纷散去后，小法拉利就有一种深深的失落感。他久久地回味着那些激动人心的场面，特别是赛车手驾驶赛车呼啸着冲过终点的那一幕。在小法拉利的心里，慢慢地产生了对赛车的热烈向往之情，他想："要是我也能开着车在赛道上奔驰，那该多好啊！"

　　成为一名赛车手的愿望在小法拉利的心中渐渐萌生，并且随着时间的推移越发清晰而强烈。只要爸爸到城外空旷的地方去飙车，他就一定要坐在爸爸的身边，并且请求爸爸教自己开车，不过爸爸总是嫌他年纪太小而不肯教他。小法拉利十分苦恼，有一天，他终于忍不住把自己想当一名赛车手的愿望和小朋友们说了，有的小朋友很佩服他，说他勇敢；有的小朋友却笑话他，说他还没有长高，脚还够不着汽车的刹车板呢，怎么能学习开车呢？小法拉利完全没有把别人的嘲笑放在心上，爸爸屡次的拒绝也没有让他灰心，他要让爸爸知道，学习驾驶不是他一时心血来潮的决定，他是真的对这件事感兴趣，并且有信心、有决心学好它。

　　从那以后，只要一有机会，法拉利就会央求爸爸教他开车。爸爸终于没有经受住小法拉利的执着请求。一天，看着脸上写满渴望的小法拉利，爸爸终于点了点头。从这天开始爸爸背着妈妈偷偷地教小法拉利学开车。小法拉利非常高兴，也非常认真，他全神贯注地听着爸爸的讲解，眼睛眨也不眨地看着爸爸示范动作，那一股非得学会开车的劲头让爸爸非常感动。当然，那时候的恩佐·法拉利还想不到自己的一生将会与全世界的赛车事业紧密相关，更不会想到自己也将会成为人们心目中的赛车英雄。他只是朦朦胧胧地感到一种吸引，一种召唤，一种渴望，于是，他朝着这条路坚定地走了下去。

　　不久，小法拉利就完全掌握了开车技术。小法拉利开车时，爸爸就坐在他的身旁，随时提醒着他开车，此时，小法拉利觉得爸爸真是一位可亲可敬的好爸爸。但是，不管小法拉利车开得多好多稳，爸爸也不肯让他独自一个人上路。因为此时的法拉利年龄太小了，爸爸担心一旦遇到紧急情况，他可能会处理不好而发生事故，那可就麻烦了。

　　不过，小法拉利有点儿早熟，虽然他年龄小，但是个子却比同龄人都要高，冷眼看上去他像个大人了。他每天都认真地钻研驾车技术，还和爸爸一起维修自家汽车的驱动装置，以便让它跑得更快更稳。

恩佐·法拉利13岁的时候，父亲终于被他说服了，允许他单独驾车参加比赛。来到赛车场上，小法拉利激动得热血沸腾，他跃跃欲试地要跟比他大十多岁的赛车手们一较高下。"啪！"比赛的发令枪响了，比赛开始了，赛车咆哮着冲出了起跑线。风呼啸着从法拉利的耳边吹过，周围的景物从他眼前飞快地向后掠去。对他来说，世界刹那间变成了一台高速运转的机器。驾驶着飞驰的赛车，法拉利觉得自己的心跳得越来越快，越来越强壮有力。

赛道两旁的观众非常热情地给这个小赛车手鼓劲，不管是否相识，只要看见他的车开过来，都会朝他大喊："加油！加油！"而法拉利也不负众望，他加足了马力驱车向前，超过了一个又一个对手。这时在恩佐·法拉利的心中升腾起一股强烈的欲望——他要成为第一个冲过终点的赛车手！

遗憾的是，这次比赛，法拉利没有实现自己的愿望，最后还是他的偶像赛车手——比克·菲利斯·纳扎罗第一个冲过了终点线，法拉利并没有取得好名次。不过，法拉利没有气馁，因为他知道，单凭一腔热情是无法获得成功的，赛车如此，做其他事情也如此，没有足够的经验、智慧、勇气，不经受挫折、失败，幸运女神是不会露出她迷人的微笑的。"我会继续努力的！"经受了这一次失败的磨炼，法拉利暗暗地发誓：

"总有一天，我会第一个冲过终点线。"

一年以后，恩佐·法拉利又来到了赛场观看摩德纳汽车协会组织的一英里计时赛，这个赛道实际上就是摩德纳到费拉公路上的一段直道。这项赛事汇集了多位当时意大利的著名赛车手，当恩佐·法拉利听说以后，就想尽一切办法地要来观看这场比赛。他穿过田地和铁路，步行了两英里的路程来到了赛场。正如他所预料，赛事非常精彩，经过激烈的你追我赶，最终，达·扎拉赢得了这场比赛，创造了每小时87公里的速度记录。

对于一个像恩佐·法拉利这样从小就喜欢汽车的孩子来说，观看汽车比赛的确比学习有趣多了，他为此深深地着迷，尤其是当那些风驰电掣的赛车从自己身边呼啸而过的时候，他总是不由自主地生出一种渴望，渴望自己也能成为一名赛车手，飞驰在赛道上，向着胜利勇往直前。

1813年8月的一个夜晚，15岁的法拉利和一个名叫帕皮诺的朋友并肩而行，法拉利一边用手里拿着的一本汽车杂志驱赶蚊虫，一边和帕皮诺聊着白天发生的趣事。忽然，帕皮诺问法拉利："你的梦想是什么？长大以后你准备干什么？"在汽灯摇曳的光线下，法拉利指着杂志上印第安纳波利斯500赛事冠军拉尔夫·德·帕尔马的图片说："我要成为一个赛车手。"帕皮诺答道："太好了，如果能成功的话，那可是个不错的职业。"

和创造世界名牌的人

一起放飞梦想

Let the dream fly

恩佐·法拉利常常幻想着有朝一日成为著名的赛车手，为此他和哥哥每到冬天就在他们卧室结冰的窗户上练习签名，想象着成名以后大家争相向他们索要签名照片的情景。不过，和弟弟法拉利不同的是，哥哥埃佛并没有让这些游戏分散自己过多的精力，他学习非常认真努力，因此学习成绩非常好。法拉利就不行了，他因过于沉迷这些事情而耽搁了自己的学业，所以成绩非常不好。每当他拿着糟糕的成绩单回家的时候，都免不了挨父亲一顿暴打，以至于在半个多世纪以后，恩佐·法拉利还回忆说："我仍清楚地记得他下手有多重，他冲我喊道：'你必须成为一个工程师！'"

老阿尔弗雷多希望儿子成为一名工程师，而不是一个赛车手。这样的想法一点儿也不奇怪，我们不能责怪他不理解孩子，也不能责怪他粗暴干涉孩子对未来的畅想。实际上，老阿尔弗雷多对于赛车运动同样非常喜爱，但是作为一名父亲，他对儿子未来的规划却不能从爱好出发，而要考虑现实。在那个时代，赛车运动才刚刚兴起，对赛车的未来和赛车手的前途，很多人都不看好，当时也很少有人把赛车当作一种职业。正因为如此，老阿尔弗雷多才一心想让儿子成为一名出色的工程师，在他的心目中，只有掌握精湛的技术，给大家制造出好的东西来，才能给自己带来美好的生活，也才能改变自己的命运。

父亲的愿望固然美好，但是有时候儿女并不会完全按照父母设计的轨道走自己的路，对于未来，他们有自己的选择。在这种情况下，父母可以担当起引导的责任，若是横加干涉，只能适得其反。戴尔电脑的创始人迈克尔·戴尔的父母就是一对开明的夫妇，他们本来希望儿子继承父业，成为一名受人尊敬的医生，但是当他们发现儿子其实更愿意从事电脑行业，并且已经在这条路上迈出了成功的第一步时，他们果断放弃了对儿子的未来规划，让迈克尔·戴尔按照他自己的意愿去开拓人生。这样的父母，无疑更值得所有为人父母者学习、效仿。相反，老阿尔弗雷多对小法拉利拳脚相加，却也没有打出一个成绩优秀的高才生。

第六节　突如其来的家庭变故

以勇敢的胸膛面对逆境。

——贺拉斯

慢慢地，恩佐·法拉利成长为一个英俊潇洒的小伙子。他身体强壮，富有激情；他热爱一切美好的东西，对周围的世界和身边的事物有着独特的敏感和理解力。有一段时间，法拉利

甚至还迷上了意大利歌剧，想当一名歌剧演员。不过，这个梦想很快就随着热情的消失而被他淡忘了。年轻的法拉利做着各式各样的未来之梦，到底明天会变成什么样子，自己将来会做什么工作，一切都还在酝酿之中，不过，法拉利对于赛车的热爱一直不曾改变。

在摩德纳小城，每逢有汽车比赛，赛道两旁总是挤满了热情的人群。大家聚集在一起，欢呼的声浪此起彼伏，热闹非凡，就像过节一样。法拉利当然不愿意错过任何一场比赛，不过，除了关注赛车，他还开始留意那些在比赛场上东奔西跑的体育记者，看着他们忙忙碌碌地采访，撰写各种各样的体育新闻，法拉利觉得非常羡慕。他心想："我要是也能当上一名记者，去近距离地接触那些心目中的偶像车手，去定格那些让人感动的一个个精彩画面和瞬间，那该多好啊！"当时，做记者的确是接近赛车手最好的途径和方法。

恩佐·法拉利开始尝试着接近记者，每当有体育比赛的时候，他总是跟在记者们的身后，当他们的小帮手。后来记者们都认识他了，他们也很喜欢这个勤快的小伙子，都亲切地叫他"小法拉利记者"。每当记者们这样叫他的时候，法拉利的心里都高兴极了。

时间一长，法拉利基本掌握了采访流程，也认识了一些赛车手，他开始不甘心只做一个"旁观者"，他决定自己动手采写体育新闻报道。于是，恩佐·法拉利为自己准备了一个装采访本和铅笔的小布包，像其他经验丰富的记者们一样采访赛车手，撰写一篇篇精彩的文章，然后投给当地报纸的体育专栏。

恩佐·法拉利是个爱动脑筋的人，无论做什么事情，他总是先仔仔细细地思量一番，然后再去动手。对于新闻采访，他也有自己的见解。他认为，要想做好采访，就要比其他记者先到比赛场地，到处看一看，了解那里的情况和设施，这样才知道利弊，才能写出精彩的稿件；同时，还要预先阅读所能搜集到的有关参赛运动员和赛事的背景材料。只有把这两点结合起来，才能写出更好的新闻报道。

在恩佐·法拉利眼里，每场赛事都是不同的。比赛一拉开序幕，他就能敏锐地发现这一场比赛和以往的比赛有哪些不同：引擎变了，轮胎变了，连哪些赛车手是新来的……他都一清二楚。然后他抓住这些变化，有的放矢地写出一些报道，因此受到读者的喜欢。

某些体育记者有个令人厌烦的毛病，喜欢占地盘，跑到哪里都要抢夺地盘，划势力范围。恩佐·法拉利可不吃这一套，只要发现有新闻价值的人物和事件，他总要挤上前去先采访，才不理会是谁的地盘。

恩佐·法拉利不仅有体育天赋，而且思维敏捷，目光敏锐，所以他总能发现有价值的新闻。热爱体育的人们都喜欢读

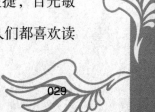

他写的报道，也爱看他对于体育赛事的评论。不久，法拉利就成了当地报社小有名气的体育栏目记者，他的一些报道由于内容精彩、评论到位而成为当时体育新闻的代表作。

1914年，恩佐·法拉利16岁的时候，开始为著名的体育日报《意大利体育报》写足球评论，他正式成为一名体育新闻记者。如果不是第一次世界大战爆发的话，恩佐·法拉利很有可能会成为一名优秀的体育新闻记者。但战争的爆发改变了他的命运，使得他不得不放弃自己的记者梦，与许许多多和他一样的年轻人一起开始了服兵役的历程。后来，当恩佐·法拉利成了著名的赛车手并享誉意大利时，他还念念不忘自己的记者梦。

但是，世事就是这样难料，正当恩佐·法拉利对未来充满了各种美好梦想的时候，第一次世界大战爆发了，法拉利的祖国意大利加入了以英国、法国、俄国为核心的协约国，与以德国和奥匈帝国为主的同盟国作战。从世界范围来说，这是一场为了争夺世界霸权而进行的不正义战争，对社会经济的破坏性极大。从个体角度来看，这场战争打破了过去人们安定的生活，也改变了许多人的人生轨迹。

战争爆发不久，恩佐·法拉利的哥哥报名参加了红十字志愿队，他带走了家里的那辆红色4汽缸迪亚托·托尔皮多轿车，作为救护车把山区战场上的伤员运送到位于波河河谷的医

和创造世界名牌的人

一起放飞梦想

Let the dream fly

院。几周以后，由于埃佛精湛的汽车驾驶技术以及优秀的军人素质，他被空军选中，加入了912中队的地勤部队，第一次世界大战期间意大利王牌飞行员弗朗西斯科·巴拉卡就服务于该中队。埃佛在空军部队立下了赫赫战功，他驾驶法国造的斯帕德双翼飞机一共击落了34架敌机，因为战功显赫，他很快就被升为中尉，而他的名字后来也因此在法拉利家族的历史上留下了浓墨重彩的一笔。

哥哥埃佛走后，恩佐·法拉利留在家里照顾患病的父亲。1916年，老阿尔弗雷多病情急剧恶化，一直困扰他的支气管炎很快转为肺炎，并在几天之内夺去了他的生命。

突如其来的变故意味着家里的生意失去了领头人，甚至就连父亲一直寄予厚望的继承者也不在身边，剩下的只有一个18岁大的孩子，一个想要成为歌剧演员却没有好的先天条件、想成为体育记者却没有接受过专业培训、想成为赛车手却从来没有接触过家族财政事务的孩子——恩佐·法拉利。不久，一个更加严酷的现实摆在了法拉利的面前：父亲苦心经营多年的工厂难以为继，被迫关门。一下子没有了经济来源的法拉利一家，生活状况顿时直线下降。没多久，年轻的法拉利不得不放弃学业，开始想办法赚钱养活自己和妈妈。

祸不单行，不幸再次降临到这个家庭。1917年，法拉利的哥哥埃佛在一次执行战斗任务中，与敌人英勇奋战，最后不幸

牺牲。法拉利后来写道："一下子，我的家庭完全变了，只剩下我和妈妈相依为命。妈妈本来希望把我一直留在身边，而现实却要无情地把我赶出家门。"

生活中的不幸既能让一个人从此沉沦，也能让一个人迅速地成长起来。接二连三的打击，让恩佐·法拉利一度悲伤得无以复加，他什么也愿意想，什么也不愿意做，只是把自己沉浸在痛失亲人的泪水中。直到他从朦胧的泪眼中看到同样悲伤的母亲，他才突然清醒地意识到，这个世界上，只有他才能担负起赡养母亲的职责。仿佛一夜之间，恩佐·法拉利就长大了，他知道自己再也不能像以前那样任性地做自己想做的事情了，父亲不在了，哥哥也不在了，这个家得靠他来支撑下去。

擦干眼泪，收拾好心情，恩佐·法拉利开始四处找工作谋生。他利用在父亲工厂学到的技术，到一家专门制造大炮的厂里做了车床技师。虽然从事这样一份与自己的梦想相去甚远的工作，但是恩佐·法拉利依然尽心尽力，勤勤恳恳。他不仅工作十分认真努力，而且具有创新的精神和品质，经常能够发现生产中的一些弊端和不足，并有针对性地提出一些革新的建议，而这些建议因为实用性强，常常被工场主采纳。不久，法拉利就成了厂里一名出色的机械师。

虽然工厂主十分喜欢这位肯出力又肯动脑筋的小伙子，但是商人都是逐利的，个人利益最大化是他们不变的追求。因此，欣赏归欣赏，工厂主并没有按法拉利的贡献给予他应该享有的待遇。但是法拉利并没有计较，因为他们的生活才刚刚安定下来，他不想母亲为他担心。尽管收入不多，法拉利和母亲的日子过得依然十分清苦，不过，生活总算在向着好的方向发展，而且有疼爱他的母亲在家里操持着家务，这使得法拉利的生活过得还算舒适。

不过，在战争年代，安定的日子注定总是很短暂的，不久，法拉利就接到了那份他最不愿意接到的入伍通知书。

1917年，19岁的法拉利应征入伍，加入了驻扎在贝加莫以北瓦尔·西里亚纳的第三山地炮兵部队。最初，他被分配在部队的军需部门，每天的任务就是养猪。在这之前，法拉利从来没有养过猪，但作为一名军人，必须服从命令和指挥，于是法拉利只好做起了自己既不熟悉也不愿意做的事情。不久，部队里有一位来自皮埃蒙特的少尉了解到恩佐·法拉利的出身，于是对他的工作进行了调整，派他去负责为牵引大炮的骡马钉铁掌，总算把他从猪栏中解救了出来。

战争是残酷的，到处都是饥饿、疾病和死亡。恩佐·法拉利亲眼看见自己身边的战友被枪弹击中，最后死去，他深深地感到人生变幻无常，他的心灵受到了强烈震撼。他总是在思索：人们为什么要互相残杀呢？在一起和平地生活，不是更好吗？如果你想要向别人显示你的强大，那么你就去赛车、赛

和创造世界名牌的人

一起放飞梦想

Let the dream fly

跑，在赛场上争个输赢，为什么一定要在战场上呢？不过，此时此刻，赛车显然已经成了一个奢侈的梦想，但恩佐·法拉利有时候还是会想起这个梦想。

战事不紧张的时候，每天晚饭过后，恩佐·法拉利就会去军营外的小树林中散步。晚风徐徐吹拂着他的脸颊，他一边走，一边想。法拉利想到了去世的父亲，想到了一天天衰老的母亲，也想到了过去和哥哥在一起玩耍时的那些美好时光。那时候，他和哥哥、小伙伴们一起玩捉迷藏、爬树，你追我赶，那是多么快乐的童年时光啊！法拉利知道，这一切美好的时光都已经一去不复返了，而战争还不知道什么时候结束，更不知道自己能不能活着离开战场，回到老家，陪伴日渐老迈的母亲一起度过孤独的时光。在无情的战争面前，一切梦想都成了幻想。恩佐·法拉利想起了家乡的母亲，不知道她过得怎么样。

法拉利也无数次地想起自己的那个梦想，那个从小就埋在心里的当一名赛车手的梦想，直到现在他成长为一名青年，也没有机会去实现，这个梦想现在也只能偶尔想想了。是啊，到处都在打仗，硝烟四起，朝不保夕，谁还有时间、有心情开着赛车去比赛呢？想到这儿，他的心情无比沮丧。回到军营，躺在行军床上，法拉利翻来覆去，怎么也睡不着，他不知道今后的路该怎样走，他更不知道自己的梦想在何方。

恶劣的生活条件摧垮了法拉利的身体，再加上抑郁的心情始终得不到舒展，在加入山地部队几个月后，恩佐·法拉利病倒了，经诊断为胸膜炎，他被送到了布雷西亚的一家医院。通过两次手术，法拉利总算保住了性命。随后，他又被转到博洛尼亚的巴拉卡诺中心，人们都说这里是为那些实在没有痊愈希望的病人准备的。巴拉卡诺中心是一些低矮的小房子，每天恩佐·法拉利躺在病床上，听着旁边棺材铺里叮叮当当的敲打声，仿佛又回到了父亲的工厂车间里，一时间感觉恍如隔世。

令人意想不到的是，在巴拉卡诺经过了漫长而阴郁的一段时间后，恩佐·法拉利的身体居然慢慢恢复，最后竟奇迹般地康复了。1918年，痊愈后的法拉利又回到了战场上，为一位名叫帕奇亚尼的军需官当司机。不久，他的病再次复发，只好又一次住进医院做手术。

因病做了三次胸部手术的恩佐·法拉利，显然已不再适应战火纷飞的战场，他被遣送回家。母亲在摩德纳的家中每天为他祈祷，希望他能够平安回来，当母亲看到儿子真的回来的时候，不禁惊喜万分。回到家乡之后的恩佐·法拉利十分茫然，他不知道自己接下来要做些什么，又有什么工作可以做。但是他知道，一切都不可能回到战争爆发前的那种状态了，他失去了父亲，也失去了哥哥，这两个过去一直为他遮风挡雨、让他衣食无忧的男人曾经是他生活的支柱，他们的离去让法拉利的世界坍塌了一半。如今，他必须依靠自己的力量，为自己，为

母亲，重新建立起一个家。恩佐·法拉利明白，从现在起，一切都要从头开始，没有父兄的庇佑，没有家庭的支撑，未来怎样，全靠自己去打拼。

第七节　勇敢的试车手

> 整个生命就是一场冒险。走得最远的人，常是愿意去做并愿意去冒险的人。
>
> ——卡耐基

　　恩佐·法拉利回到家乡后不久，第一次世界大战就结束了。战后，社会经济一片凋零，百废待兴。不管回到家中的法拉利多么想马上实现久埋于心底的梦想——当一名真正的赛车手，他都必须首先解决自己和母亲的生活问题，所以，对于恩佐·法拉利来说，眼前的当务之急就是找到一份有稳定收入的工作，来维持母子俩的日常生活。

　　抱着这种念头，没有钱、没有工作经验、文化程度也不高的恩佐·法拉利，揣着离开部队时指挥官写的一封工作推荐信来到了都灵，信中推荐他到菲亚特工作。

菲亚特的全称是意大利都灵汽车制造厂。1907年，它的三位创始人之一乔瓦尼·阿涅利及其家族接管了整个工厂。当时，菲亚特除了汽车制造以外，还涉足诸多其他工业领域。

战争时期的大量订单使菲亚特的员工人数迅速增加，达到18000人，比战前增长了4倍。当时菲亚特正在开发501型汽车，这也是意大利历史上第一款大规模生产的经济型轿车。

实际上，燃起恩佐·法拉利加入菲亚特梦想的正是菲亚特对赛车运动的投入，当年恩佐·法拉利的偶像纳扎罗和蓝旗亚在博洛尼亚赛道上所驾驶的赛车正是菲亚特跑车。

菲亚特的快速发展让恩佐·法拉利看到了实现自己赛车梦的希望，他甚至觉得只要自己有机会进入菲亚特，就会一步步地接近那个伟大的梦想。于是，在一个寒冷的冬日，法拉利满怀憧憬地来到菲亚特公司位于但丁大街的办公地点，他打算在这里谋一份工作。他被工作人员带到了工程师迭戈·塞里亚的办公室，一个身体强壮、褐色短发的男人坐在桃心木办公桌后面，身后是绿色的天鹅绒窗帘。

男人问："你会什么？"

"我曾在父亲的汽车维修厂里工作过，懂得汽车修理技术。"法拉利回答。

"你懂得销售吗？能推销汽车并把小汽车卖出去吗？"男人慢条斯理地说，眼皮抬都没抬。

和创造世界名牌的人

一起放飞梦想

Let the dream fly

"我没干过汽车销售。"法拉利说。

"既然如此，那我们这里就不需要你了，菲亚特的规模还不足以为意大利每一名退伍军人都提供一份工作。"男人很有礼貌却又态度很坚决地拒绝了法拉利。

听到这话，恩佐·法拉利也毫不客气地说："别小瞧人，指挥官推荐我来这里工作并不是要你们收留我，而是向你们推荐一名优秀的修理师。既然你们需要的仅仅是销售员，而不是优秀的工程师，即使你们聘用我，我也不会留在这里。"恩佐·法拉利礼貌地回击了对方对自己的不尊重之后，立刻转身离开了这间温暖豪华的办公室。

走在宽阔的但丁大街上，刺骨的寒风吹透了法拉利的衣服。他一直走到瓦伦蒂诺公园，找到一条能够俯瞰波河的长凳，仔细拂去上面的积雪，法拉利才疲惫地坐了下来。此时，他的心情有些低落，未来的生活充满坎坷，而一切都需要自己去面对。一个人寂寞地坐着，法拉利不禁又想起已经离他而去的父亲和哥哥，强烈的孤独和绝望让法拉利禁不住流下了眼泪。那一刻，他感到孤独无援，更感到前途渺茫。

恩佐·法拉利哭了，但那不过是一个未经世事的年轻人遇到挫折的正常反应，一刹那的软弱谁都会有，更何况是像法拉利这样一直在父兄的庇护下长大、从没有吃过什么苦的孩子。被人无情地拒绝，对于刚刚步入社会的法拉利来说，已经是非常难堪的经历了，但是，哭泣并不代表绝望，而仅仅只是宣泄感情的一种途径而已。

恩佐·法拉利觉得心情平静了许多。擦干眼泪之后，想到自己优秀的修理技术，他又觉得前途并非一片黯淡。毕竟自己还是一名优秀的工程师，还是一名优秀的体育新闻记者，因此没有什么好困惑的，自己肯定能找到工作，能用自己的能力证明——恩佐·法拉利并非一无是处。坚定了信心以后，恩佐·法拉利就留在了都灵，依靠父亲留下的那点微薄的积蓄，一边勤俭度日，一边积极地寻找工作。

在都灵，每逢恩佐·法拉利苦闷的时候，就会去波多·纽奥瓦火车站附近的诺德酒吧喝一杯，这间酒吧常有很多飞行员和司机光顾。不久，法拉利在酒吧结识了机械师罗莫洛·博纳奇尼，在他的帮助下，法拉利在附近博洛尼亚旅馆租到了一个小小的房间。生活暂时安定下来，法拉利每天早出晚归，到处寻找一份适合自己的工作。

功夫不负有心人，那年年底，法拉利终于在都灵的一家汽车制造厂找到了一份试车员的工作。这次要感谢一位名叫乔凡诺尼的博洛尼亚人，他在奥米亚大街拥有一家修车厂。战后，意大利的轿车需求量急剧增长，各个汽车制造厂都出现了供不应求的局面。为了满足市场需求，乔凡诺尼开始从事将蓝旗亚赛达轻型货车改装成轿车的买卖。他把车体拆开，重新安装部

件，并将底盘送到改装厂，装上轿车车身。

从事这种汽车改装的生意，试车是必不可少的一道程序。恩佐·法拉利就是这样一名试车员，他的主要工作就是驾驶新设计制造的样车，看它的各项性能是否符合最初的设计要求。对于大多数年轻人来说，这并不是一份理想的工作，因为它不但非常单调，而且还充满了不可预知的危险。之所以这样说，是因为有些设计与实际使用有很大的出入，驾驶这样的试验车，稍有不慎就会发生事故。尽管如此，恩佐·法拉利还是十分珍惜这份工作，一来他在都灵举目无亲，找一份合适的工作并非易事；二来他一直梦想着当一名赛车手，试车手的工作总算让他离自己的梦想又近了一步。

恩佐·法拉利是那种无论做什么都非常认真并且要努力做到最好的人，做一名试车手也不例外。每一次试车前，他都要仔细地询问经过改装后汽车的情况，例如做过哪些技术改进等。试车的时候，他也总是小心翼翼，从不在驾驶技术上出错。经他试过的车，往往都能验证出哪些地方的改进是成功的，哪些地方还需要重新设计。因此，汽车设计师总是十分重视法拉利提出来的各种意见，并根据这些意见进行一些技术上的修正。

恩佐·法拉利在工作中倾注了巨大的热情，尽管他仅仅是一个工厂试车员，可他严格要求自己，做任何事情都一丝不苟，甚至把试车当作比赛，他经常会把车开到最高速度，看它的各个部分能不能经受住极速的考验。看着恩佐·法拉利把新改造的车开得风驰电掣般，大家都替他捏了一把汗，真担心他会出什么事情。也正因为如此，同事们都称他是一名"拿生命开玩笑"的试车手。但是，恩佐·法拉利却不这样认为，他把每一次试车都当成是在进行赛车比赛，别人当他是试车手，他却把自己当成是赛车手，因为，这是他一生不变的追求。

赛车是一项勇敢者的体育运动，需要勇气、胆识、细心，更需要智慧、经验、技术，只有这样，才能驾驭好赛车，才能在赛车场上自由奔驰。在比赛过程中，赛车手们你追我赶，一路争先，特别是在超车的时候，往往会因车速太快、不好掌握平衡而发生翻车事故。一旦出现翻车事故，赛车手就会受到严重的伤害，弄不好还会丢掉性命。尤其是在那个赛车比赛才刚刚起步的年代，很多地方都还做得不够完美。

恩佐·法拉利天生喜欢冒险，并且一直对参加赛车运动怀有浓厚的兴趣，他可不管是否有生命危险，只要自己高兴，自己满意就行。因此，尽管当时他还仅仅只是一个试车手，但他一直暗暗地准备着，不放弃任何一个机会，等待那个属于自己的位置。也许上天眷顾他，不久，恩佐·法拉利又有了一个新的机会，到米兰的森姆尼汽车制造公司去工作。在这家公司，他终于从试车员晋级为赛车手，真正实现了自己的梦想。

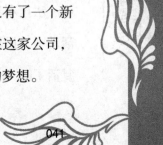

和创造世界名牌的人

一起放飞梦想

在米兰，恩佐·法拉利只要一有空闲，就会到维多利奥·埃曼努尔咖啡馆去坐一坐，那里聚集着很多喜爱运动的人和一些商人。在那里，他遇见了后来以摩托车制造出名的马可·加雷利和前自行车运动员雨果·西沃奇。西沃奇曾经参加过1913年的塔加·费罗里奥汽车公路赛，还获得过西西里环马东里耶山比赛第8名。当时，西沃奇刚刚找到一份工作，在新成立的CMN（国家机器制造公司）公司担任首席试车手。这个公司在战争期间主要生产牵引火炮用的四轮驱动牵引车，用以代替法拉利为之钉铁掌的骡子。现在，CMN正利用伊索塔·弗拉斯基尼工厂剩余的部件组装客车。西沃奇很乐意把他的新朋友恩佐·法拉利推荐给了CMN公司的一位主管。

1919年的复活节那天，CMN公司聘用恩佐·法拉利为临时驾驶员，他的主要职责是试车以及运送汽车。得到新工作后，恩佐·法拉利从维多利奥·埃曼努尔大街的一个寡妇那儿租了一间房子，然后便一头扎进了新的生活。当马可·加雷利把他新研制的摩托车投入米兰到那不勒斯的比赛中时，恩佐·法拉利和西沃奇就开着CMN汽车跟在车手吉拉尔迪后面，负责为摩托车加油。当吉拉尔迪行驶到卡普阿爆胎时，恩佐·法拉利和西沃奇就帮他一起修车。在这样充满冒险趣味的活动中，恩佐·法拉利童年时要成为一个赛车手的梦想在心中复活了。

Ferrari

第二章　终圆赛车梦想

Ferrari

第一节　梦想照进现实

上天完全是为了坚强我们的意志，才在我们的道路上设下重重的障碍。

——泰戈尔

怀着一腔热情的恩佐·法拉利来到了米兰。当时，米兰作为意大利一个中等规模的城市已经兴起了汽车制造业。在森姆尼公司，凭借着对赛车的狂热喜爱和娴熟精湛的驾驶技术，法拉利和另一位测试员一起组成了赛车搭档，自费参加了森姆尼赛车队。

1919年10月5日，星期日，帕尔马—柏塞托山地赛在帕尔马举行，这是一场三升以下级爬坡比赛。恩佐·法拉利驾驶着一辆森姆尼2.3升4缸赛车参加了比赛，这也是法拉利驾车参加的第一次汽车比赛。

这是一场计时赛，赛道位于亚平宁山脉脚下的皮安托尼亚山，长50公里，道路非常泥泞。恩佐·法拉利的参赛车辆是刚刚以极低价钱买来的2.3升CMN15/20型双门轿车，而他的对

和创造世界名牌的人

一起放飞梦想

Let the dream fly

手们却都驾驶着菲亚特、欧宝、比安奇、布加迪、苍鹰、阿尔法等名车出场。按照帕尔马俱乐部的要求，每一名参赛车手都要有一名机械师陪同比赛，以便在途中帮助驾驶员更换轮胎并处理机械故障。于是，法拉利选择了尼诺·伯莱塔——一个聪明、有进取心、交游广泛并且很招女孩子喜欢的年轻人。

对于这条由帕尔马女公爵、拿破仑的第二任妻子玛丽娅·路易斯命人修建的道路，法拉利的机械师尼诺·伯莱塔可以说是非常熟悉的，这对于他们这对新搭档来说，似乎是一个不错的开始。比赛那天，天气阴冷潮湿，山谷中弥漫着薄薄的雾气，这种天气状况对赛车手们来说无疑是一个挑战。法拉利和西沃奇头戴一顶印着自己的参赛号码29号的帽子坐在车里，一边看着那些一流赛车手们做着赛前的准备，一边安静地等待着比赛开始。那些车手当中最著名的是安东尼奥·阿斯卡利，他在自己米兰的改装厂里给他的那辆赛车加装了4.5升的发动机。

"预备……"发令员举起了信号枪。恩佐·法拉利和所有的赛车手一样都屏住了呼吸，等待着比赛信号的响起，随时准备第一个冲出起跑线。

"啪！"信号枪响了。法拉利猛踩一脚油门儿，他驾驶的赛车就像一匹脱缰的野马，一下子飞上了赛道。法拉利跑在第一位！当然，其他赛车手们谁也不甘心落在后面，就在法拉利的右边，一辆黑色的赛车像幽灵一样紧紧地咬着他，伺机超过去。

　　不过，想超过法拉利也不是件容易的事。他以他高超的驾驶技术，一直压制着竞争者的车，保持领先地位。这种状况一直持续到他们经过著名的皮安托尼亚天梯时，法拉利才不得不把注意力从身后的赛车转移到那些陡峭的U型弯道、泥泞的路面、松软的路基以及突然出现的沟壑、石墙和毫无遮拦的悬崖上去，因为这条赛道路况非常复杂，稍有不慎，就有可能导致车毁人亡。在驶过一个弯道时，一直紧紧跟在法拉利后面的赛车猛地加大油门，赛车的尾部突然冒出一团火，一下子就飞到法拉利的赛车前面去了。

　　法拉利也急踩油门，可是他驾驶的赛车性能已经发挥到了极致，无论他怎么努力，速度却再也提不上去了，只好眼睁睁地看着自己的竞争对手跑到了前面。法拉利用尽力气转动着那直径几乎有两英尺的方向盘，努力发挥出那台CMN引擎的每一分力量。从海拔200英尺到海拔2700英尺的赛程，他一共花费了50分13.2秒。这个不错的成绩为他赢得了3升发动机组的第5名和总成绩第12名的成绩。

　　恩佐·法拉利知道，并不是自己的能力不够，而是赛车的性能、速度不够，这是赛车手再怎么努力也无法扭转的事实。不过，即使是在这样不利的条件下，法拉利还是凭着自己非凡

的勇气和高超的赛车技巧取得了不错的成绩。当法拉利的赛车刚刚停下来时，就有好几个漂亮的意大利姑娘跑上前来，争着给这位英俊的赛车手献花。

法拉利终于尝到了胜利的滋味，他的心里充满了喜悦和自豪，但也有一丝遗憾——自己没有第一个冲过终点线，没有获得那个让自己梦寐以求的第一名。谁不想当第一名呢？这不仅是一种荣誉，更是对自己能力以及多年艰苦努力的一种肯定，尤其对于法拉利来说，经过了那么多的挫折，他更需要第一名的成绩来证明自己。不过机会还会有的，毕竟法拉利已经踏上了赛车的道路，开始了自己的赛车旅程，也从此开始了一段崭新的人生。

手握方向盘端坐于赛车驾驶室里的恩佐·法拉利，那个体育记者梦已经远去，服兵役时的种种彷徨也已经不再。他正在拥抱自己最真切的梦想，用激情去演绎自己最精彩的人生。

1919年，第10届塔加·费罗里奥比赛开赛在即。对于赛车手们来说，这种山地计时赛只要能顺利完成就算是一种胜利了，但对于恩佐·法拉利来说，只要赶得上参加比赛，就已经是了不起的胜利了，因为他们必须从米兰出发，一路跋山涉水，马不停蹄地赶往西西里。

法拉利和西沃奇找来了伯莱塔和另外一位机械师里帕蒙蒂一起参加这项赛事，他们驾驶着CMN从米兰出发，准备先到那

048

不勒斯，然后乘坐汽船希拉苏萨号渡海到西西里岛。但是，当他们穿越阿布鲁奇山时，遇到了始料不及的严酷考验——他们遇到了暴风雪，还遭到了狼群的追逐。他们用一直藏在汽车坐垫下面的左轮手枪向狼群射击，可是一枝手枪的微弱力量根本不足以吓退狼群。幸亏他们遇上了一群带着手电筒和枪支的路人，这才赶走了狼群，他们得以继续赶路。

那届比赛吸引了很多优秀赛车手参加，意大利赛车手中有驾驶菲亚特的阿斯卡利和驾驶阿尔法赛车、梦想成为歌唱家的朱塞佩·坎帕里。参赛的两支法国车队也堪称实力雄厚，其中包括标致车队的安德烈·布瓦洛和雷梅·雷威尔，以及使用8汽缸发动机的巴洛特车队的车手雷内·托马斯，他曾经是一位优秀的自行车赛车手。

法拉利和他的机械师伯莱塔在比赛的前一天就穿上比赛服驾车出去熟悉赛道。途中，法拉利和伯莱塔遇到了猛烈的暴风雨，这迫使他们不得不提前返回。

比赛那天，山下海拔较低的地方下着雨，而山上则在下雪，路上到处泥泞不堪。刚一出发，赛车手们的护目镜上就迅速蒙上了一层雾气，有些赛车手甚至在脸上蒙上一层纱布，以此来防止雨雪泥巴进入口鼻。比赛开始一圈之后，赛车手们的号码就已经模糊难辨了。法拉利的发车时间是上午8点20分，恰好在标致车队的布瓦洛之后。不幸的是，仅仅出发几英里之

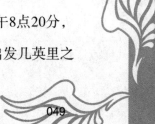

和创造世界名牌的人

一起放飞梦想

Let the dream fly

后，他的赛车就因为油箱松动而抛锚了。法拉利和伯莱塔花了整整40分钟来将油箱重新固定到底盘上面。等这一切弄好之后，他们已经落到了最后一名。但是，倔强的法拉利没有放弃，还是坚持不断地前进，一步一步地与其他赛车手拉近距离。

当他们最后一圈行驶到坎波菲利斯时，三个警察站在路中间，一个劲儿地冲他们挥手。见两个小伙子满脸疑惑，其中一位军事警察走过来告诉他们必须停车在这里等候，因为上周刚刚当选为意大利总统的西西里人埃曼努尔·奥兰多正在村子里的广场上发表演说。听到这个消息，法拉利和他的同伴不由得非常沮丧，因为他们知道，奥兰多的演说向来都只长不短。更让法拉利沮丧的是，好不容易盼到演说结束，他们还不得不让总统的德·迪翁·布通豪华轿车先走，他们的赛车CMN只能老老实实地跟在后面。

总统的轿车在欢送的人群中缓缓前行，这让跟在后面的法拉利无比郁闷，直到几英里以后，法拉利驾驶的赛车才终于摆脱总统的车队，重新开始风驰电掣地飞奔起来。法拉利把他的CMN开到了极速，疯狂地想要把那些白白失去的时间夺回来。可当他们到达终点的时候，失望地发现赛会工作人员和观众们为了躲避大雨都已经散去了，只有一名警察站在路边，负责登记那些在规定的10小时内没有完成比赛的掉队车辆号码。警察拿着一只闹钟，为他们登记了到达终点的时刻。

第二天，恩佐·法拉利怒气冲冲地闯进了赛事创办者文森佐·费罗里奥在巴勒莫的办公室，要求还他一个公道。听了他的陈述，文森佐答应把他列入正式完成比赛的选手名单中，不过要排在最后一位，比西沃奇低两位。这场比赛，布瓦洛最终捧得了冠军奖杯，他的平均时速达到了每小时40英里。不过非常遗憾的是，最后他也出了事故，在终点线附近撞死了一名观众。阿斯卡利和他的机械师则更加不幸，他们在山路上翻车，双双被送进了医院。

那次比赛是法拉利最后一次驾驶着CMN汽车参赛，从那以后，法拉利再也没有和CMN汽车一起出现在任何一场比赛中。当然，只能设计生产出性能如此普通的赛车产品，这家公司也注定无法获得商业上的巨大成功。

1920年，恩佐·法拉利再次参加了帕尔马—柏塞托山地赛。在那次比赛中，法拉利的赛车是马力更为强劲的1913款伊索塔·弗拉斯基尼赛车，这辆赛车搭载了一台7升发动机、4轮刹车和漂亮的流线型散热器。

法拉利和他的新机械师古利尔莫·加拉罗利密切配合，一起取得了他参加赛车运动以来最为辉煌的成绩——本组第二名，总成绩第三名。至于冠军，则由歌唱家朱塞佩·坎帕里夺得，他驾驶的是阿尔法赛车。阿斯卡利却因为比规定的入场时

间迟到了半个小时而被拒绝参加比赛,他非常遗憾地失去了捍卫自己荣誉的机会。

在众多的车手中,朱塞佩·坎帕里有一种很特殊的气质吸引着法拉利,虽然他名气很大,但是他为人真诚、大方、坦率,从不装腔作势。他不仅是一位杰出的赛车手,更是一位从不懈怠的斗士,他把冒险当成了生命的一部分,在这一点上,他和恩佐·法拉利称得上是志同道合。这次赛车后,法拉利抓住机会,与坎帕里进行了一个简短的会面,正是这次会谈将法拉利和他最欣赏的车手紧密地联系到了一起,他们从此成了很有默契的朋友。法拉利说:"坎帕里这些优秀的品质,深深地吸引着我。"

1920年,为了让自己能成为真正的赛车手,在赛车上做出更加辉煌的成绩,更好地发展自己的赛车事业,恩佐·法拉利转到了阿尔法·罗米欧汽车制造公司。看到法拉利有这么好的赛车技术,阿尔法·罗米欧汽车制造公司的老板非常高兴,他也非常欣赏法拉利,称赞法拉利是一位年轻有为、勇气过人的青年。在这家汽车公司里,法拉利先后做过技工、试车员、赛车手、销售助理、地区市场负责人等许多工作。

当时,为了在社会上提高自己公司的知名度,让人们了解自己的汽车制造技术和水平,许多汽车制造公司都成立了自己的赛车队,选拔培养自己的赛车手,让这些赛车手驾驶着自己公司制造的赛车参加各种大型比赛。这样在向外界宣传公司所生产的汽车的同时，也大力推销了自己的汽车，阿尔法·罗米欧汽车制造公司当然也不例外。

有一天，老板叫来了法拉利，告诉他一个决定：公司准备让他当工厂的赛车手。这无疑是个令法拉利振奋的好消息，因为这正是他梦寐以求的事情，法拉利高兴极了。从此，他由一个普通赛车手变成职业赛车手，他终于可以驾驶赛车进行正式的比赛，在赛场上飞驰了。

法拉利下决心一定要把这份工作做好、做得漂亮，让自己成为一个顶级的赛车手，成为赛场上最抢眼的一个赛车手。

的确，成为职业赛车手后，法拉利比以前更加认真，也更加努力了。为了开好车，他苦苦地钻研赛车技巧，细细地研究汽车的各个部件，不放过每一个细微的提升环节。就这样，他以百分之百的投入和钻研，在赛车事业上不断地奔跑，不断地进步。

和创造世界名牌的人

一起放飞梦想

Let the dream fly

第二节 从赛车冠军到车队经理

一个人要实现自己的梦想，最重要的是要具备以下两个条件：勇气和行动。

——俞敏洪

作为意大利著名的轿车和跑车制造商，恩佐·法拉利的新东家阿尔法·罗米欧的事业起源于伦巴德汽车制造公司（ALFA），这家公司是由一位名叫卡瓦利·雨果·施泰拉的米兰人和一家名为达拉克的法国公司合伙创办的。战争期间，因为工厂的意大利一方转向主要为军方生产炮弹和卡车，双方结束了合作伙伴关系。后来，机械专家尼古拉·罗米欧成为工厂的领导，并用自己家族的姓氏给工厂重新命名——阿尔法·罗米欧汽车制造公司。在他的带领下，工厂重现昔日辉煌，并再次投入到赛车领域。他们开发的赛车拥有极高的速度、流线的外形和可靠的机械，阿尔法·罗米欧汽车制造公司因优异的表现而很快得到了客户的认可。

恩佐·法拉利也排号订购了一辆G1型车，这是一辆以美

国的皮尔斯—箭牌为原型设计的轿车，配备一台马力强劲的6
升发动机。法拉利向阿尔法公司的销售部和竞赛部经理乔吉
奥·里米尼下了订单。

嘴里仿佛永远都叼着一支香烟的里米尼肤色黝黑，一双
灵活的大眼睛让他显得聪明敏锐，干劲十足。当恩佐·法拉利
向他抱怨订购的车子没有按照合同要求及时送到时，里米尼一
言未发，只是用手指着合同书最底部的一行小字让法拉利看：
订购的汽车将尽快，甚至提前送到客户手中。法拉利后来回忆
说，他从这次经历中认识到，在最终签字之前一定要认真阅读
合同条文中的每一个单词，往往那些最容易忽视的地方就是合
同最关键的地方。这也让恩佐·法拉利在以后的生活中养成了
细心的良好习惯。

当然，这段小小的插曲并没有对法拉利和里米尼之间的
友谊产生任何影响，里米尼十分欣赏法拉利，让他担任阿尔
法·罗米欧车队的初级试车手。在这里，法拉利得以和全意大
利最好的赛车手一起参加训练，并跟当时意大利最好的赛车技
师和机械师一起工作。因此，在这段时期，恩佐·法拉利不仅
赛车技术得到了极大的提高，而且维修技术也更上了一个台
阶。

在法拉利获得试车手职位的同时，一场革命风暴横扫了米
兰地区，整个意大利也正发生着翻天覆地的变化。在这段时间

里，全国上下一片混乱，共产主义者和无政府主义者与身着黑衫的法西斯主义者之间的斗争愈演愈烈。阿尔法·罗米欧的工人们一度占领了波尔泰罗的工厂，迫使工厂停工，并把红旗升上了工厂的旗杆，直到10月，工厂才恢复了正常生产。不过，尽管外面的世界风起云涌，但是法拉利的生活并没有受到多大的影响，他沉浸在个人的小天地里，每天只是试车、练车，乐此不疲。

1920年，阿尔法车队派出了以坎帕里为首的三辆赛车参加塔加·费罗里奥大赛，恩佐·法拉利和他的机械师米切尔·孔蒂驾驶着一辆战前生产、经过改装的双门轿车参赛。这一次，天气状况仍然十分糟糕，一周以来连绵不断的雨水把路上的土全都冲掉了，到处都裸露着尖利的石头。为了尽量减少天气对赛车手的影响，阿尔法车队的总设计师朱塞佩·莫索西和他的助手药剂师安东尼奥·桑托尼为他们的赛车设计安装了金属网和挡泥板，以保障赛车手们的安全。

在这次比赛中，给恩佐·法拉利造成麻烦的既不是狼群，也不是总统车队，而是两个实力强劲的对手——古一多·莫雷加利和坎帕利。古一多·莫雷加利驾驶一辆以纳扎罗命名制造的赛车，坎帕利则是赛前人们预测的夺冠大热门。不过，赛场情况瞬息万变，不是说赛车性能优良、车手技术全面就一定能够获胜的，比赛中总会有出人意料的情况出现，这次比赛的夺冠大热门坎帕利在第二圈就因为赛车的火花塞位置太低被泥水淤塞而不得不黯然退出了比赛，而并不被人们看好的恩佐·法拉利则发挥平稳，他利用比赛最后阶段强有力的冲刺，一举超过莫雷加利，夺得了该级别的冠军，总排名位居第二。

这次夺冠可以说是法拉利赛车生涯中第一次真正的重大胜利。他驾驶着一辆如此普通的赛车，赢得了一项如此艰苦的赛事，他创造了一个奇迹。这次胜利不仅让法拉利个人备受鼓舞，同时也提升和巩固了他在整个车队中的地位和号召力。不久，安东尼奥·阿斯卡利也加入了阿尔法车队。

进入阿尔法·罗米欧公司不久，恩佐·法拉利就凭着自己的创新精神和独到技术，在跑车设计方面初露锋芒。同时，他的组织能力、管理能力在整个车队中也是首屈一指的。通过长时间的观察，老板终于意识到，法拉利不仅是一个优秀的赛车手，还是一位有潜力的行政管理人才，于是他毫不犹豫地把法拉利提拔到新的岗位上，请他担任阿尔法·罗米欧车队的经理。

经营阿尔法·罗米欧车队可不是一件轻松的事，尤其是对于恩佐·法拉利这样一个有双重身份的人来说。作为一名赛车手，法拉利要不断地参加比赛，并力争取得最好的成绩；与此同时，作为一名车队经理，他还要认真管理车队，并要千方

百计地让车队的整体实力得到提高，让所有的车队队员都获得长足的发展。这两件事情，对谁来说都绝非易事。不过，恩佐·法拉利从来都不惧怕困难、不惧怕挑战，新的工作岗位使他迅速地从一名赛车手的角色转变为一个管理者，他时刻都在思考如何经营车队，如何提升形象，这为他以后的发展奠定了坚实的基础。

作为车队经理，恩佐·法拉利不仅要担负起管理车队的职责，还要从比赛的实战角度出发，不断改造赛车的各个部件，使它们能彼此配合得更好，运转得更平稳，令车速更快捷。这也意味着除了日常的管理之外，车队经理这一职位还从技术层面对法拉利提出了新的要求，赛车、管理、技术改造，方方面面都需要法拉利考虑到，遗漏了任何一点，都有可能给法拉利个人以及整个车队造成损失。不过，挑战从来都与机会并存，恰恰是这些要求，让法拉利学会了站在赛车手、管理者、技术人员等不同的位置上从各个方面去思考问题，这令他迅速地掌握甚至精通了赛车的各个环节和要领。在这种全方位的磨炼中，恩佐·法拉利快速地成长着。

一天，为了改进一项汽车技术，法拉利苦思冥想，但却一直找不到好办法。想来想去，他突然想到了自己的好友——菲亚特公司的汽车制造工程师伦格·巴兹瑞和维多利·亚诺，这两个人都是意大利车坛一流的赛车制造技术专家。法拉利决定请他们到自己的赛车修理间来，一起想办法攻克难关。这个时候，法拉利已经意识到，要想创新，就要和大家共同努力，一个人的智慧毕竟是有限的，群策群力才能更好更快地解决问题。

两位好友应邀而来，并立即和法拉利一起投入到工作中。不知不觉，夜幕降临了，法拉利点燃了耀眼的汽灯。虽然早已经到了下班的时间，可面对着正进行修改的赛车部件，每个人都想早一点把它完成，因此谁也没有走的意思。看到这情景，法拉利马上派人到街上的快餐店买来了快餐，大家一边吃一边继续商量解决方案。讨论中，亚诺突然眼睛一亮，提出来一个谁也没有想到的解决方案。听他把想法说完，大家都啧啧称奇。

在一阵车床旋转声响过后，亚诺设计的小配件制造出来了，技术人员马上把它安装到了赛车上。技术改进是完成了，可实际的效果怎样呢？法拉利决定亲自驾车试一试，他要从实战的角度考查这项技术改进的实际效果。

为了不让自己改进赛车的具体情况被对手知道并加以破解，恩佐·法拉利一直等到夜深人静的时候才把车开到汽车赛道上去试车。这天夜里，只有好友亚诺一个人一直陪伴着他。赛车一动，果然不同凡响，起动车速比原来快了一大截。凭着自己的实战经验，法拉利知道，单凭这一点点新增加的优势就

和创造世界名牌的人

一起放飞梦想

有可能在赛车场上创造奇迹。

法拉利很兴奋，为了提高赛车的性能，他和技术人员在一起不知度过了多少个不眠之夜。尽管十分辛苦，十分疲惫，可是，当看到赛车在技术上得到了改进时，他们觉得付出的这一切都是值得的。

恩佐·法拉利身上那独有的杰出创新精神和仿佛永不疲倦的工作热情，深深地感染了和他一起攻关的亚诺，亚诺坚信，法拉利日后一定会成功。正是基于这样的信念，他毅然辞去了菲亚特公司汽车制造工程师的职务，来到了阿尔法·罗米欧汽车制造公司，同法拉利一起并肩工作。同时，亚诺还说服了另一位优秀的工程师伦格·巴兹瑞也加入到阿尔法·罗米欧汽车公司。

这些奇才的加入，大大增强了阿尔法·罗米欧汽车公司的技术开发实力。亚诺出色的技术才干，加上法拉利杰出的组织能力以及对赛车的狂热，都为阿尔法·罗米欧车队在世界赛车界的崛起奠定了基础。

第三节　赢得爱情与"骑士"爵位

成功是用努力，而非用希望造成。

——约翰赫斯金

塔加·弗洛里汽车越野大奖赛又要开赛了。这一次，阿尔法·罗米欧公司推出了一款新赛车，并且决定让恩佐·法拉利驾驶着它去参赛。

来到这款新赛车前，法拉利觉得眼前一亮：多么漂亮的赛车！多么完美的设计！这不正是他梦寐以求的赛车吗？法拉利的心"突突突"地跳得像一只飞奔的小兔子似的，他激动得不得了。他在心里默默地发誓：一定要驾驶着这辆赛车第一个冲过终点线。

"啪！"发令枪响了，比赛开始了！法拉利和所有的赛车手一样，开足马力冲出了起跑线。在凹凸不平的赛道上，赛车手们奋勇争先，不甘落后。要知道，赛车是一种对抗性特别强烈的体育运动，有时为了冲到前面去，赛车手们必须拼命地加速超车，为此常常发生挤翻赛车的事故，不但赛车手受伤，有

和创造世界名牌的人

一起放飞梦想

Let the dream fly

时连前来观看比赛的观众也会一起受到伤害。一到这时，救护车的鸣笛声就会划破宁静的天空。

恩佐·法拉利是一个勇往直前的赛车手，他驾驶着自己的新赛车，左冲右突，不停地超车。特别是在赛道转弯处，法拉利更是抓住这个超越其他车手的好机会，跑到了车队的前面，一路领先。法拉利在心里默念："一定要拿第一！一定要拿到冠军的奖杯！"不过，遗憾的是，就在跑最后一个弯道时，不知什么时候从后面赶上来的一辆赛车猛地超过了他。就这样，法拉利在塔加·弗洛里汽车越野大奖赛上与冠军失之交臂，为阿尔法·罗米欧公司夺得了亚军。

虽然没有夺得第一名，但第二名的成绩同样来之不易，大家还是为恩佐·法拉利高兴，为他欢呼，热情的姑娘们也忘不了跑上前去为这位英俊的意大利小伙儿献上芬芳的花束。不过，此时的法拉利却丝毫没有感受到胜利的喜悦，他觉得十分遗憾，本来这个第一名是属于自己的，但却仅仅因为一步之差，让自己与胜利失之交臂了。

这次痛失冠军的经历，既让法拉利受到了刺激，同时也使他得到了极大的启发。此后，法拉利除了继续苦练驾车技术外，还加大了改进赛车的力度。同时，他更注重在赛场中的每一个细节，每一个可能超越别人和被超越的细节，努力做到赛车和自己的驾驶技术高度契合，所谓"人车合一"，就是恩佐·法拉利追求的最高境界。

作为一名赛车手，恩佐·法拉利经常要参加各种比赛，人们看到他的时候，他驾驶着心爱的赛车飞驰在赛场上；人们看不到他的时候，可能他在奔赴赛场的路上，也可能他在改造赛车的车间里。

不过，赛车在法拉利的生活中固然重要，但它并不是生活的全部内容，作为一个年轻人，法拉利同样需要甜蜜的爱情，需要美满的婚姻。就在这个时候，法拉利人生旅途上的终身伴侣出现了，她就是劳拉·多米妮卡。从相识到此后的50年时间里，劳拉不仅作为法拉利的妻子，在法拉利的生命中扮演着至关重要的角色，而且她更成为法拉利事业不断前进的支柱，此后法拉利的每一次进步，可以说都离不开劳拉的支持和鼓励。

劳拉·多米妮卡比法拉利小两岁，是一个外貌出色、性格开朗的女孩。1921年，恩佐·法拉利到都灵出差，在火车站附近的拱门处见到了劳拉，当法拉利看到劳拉的那一瞬间，他的心就被这个美丽的女子深深打动，他无可救药地爱上了她。后来法拉利回忆说："劳拉漂亮可爱，金发碧眼，举止优雅，讨人喜欢。"法拉利坠入了爱河，而幸运的是，劳拉也被这个英俊的小伙子所吸引，对他产生了好感。不久，他们就出双入对，还一起去旅行。

这对情侣交往了两年，随着彼此之间的了解更加深入，

他们的感情也日益深厚，法拉利和劳拉都觉得自己未来的人生已经离不开对方，必须相携相挽地走下去，于是他们开始积极地筹备婚礼。然而，这门婚事却遭到了法拉利母亲的反对，她不认可劳拉，不想让她来当自己的儿媳妇。法拉利虽然非常爱自己的母亲，但是他同样舍不得放弃劳拉。在他看来，母亲不同意这门婚事只是暂时的，以后经过接触、了解，母亲一定会逐渐接受劳拉的，母亲也一定会理解自己的选择的。因此，恩佐·法拉利态度坚定地表示，他一定要和劳拉结婚，这对恋人最终还是冲破阻拦走到了一起。

1923年4月28日，恩佐·法拉利和劳拉·多米妮卡在都灵菲亚特工厂附近的一个教堂里举行了婚礼。婚礼有些特别，宾客只有新娘的家人，而新郎家就只有法拉利一个人到场。劳拉的家人认为劳拉的选择是对的，都支持这段婚姻，因此，劳拉有20位亲属参加了婚礼；法拉利的母亲从一开始就不同意这门婚事，可儿子却不顾自己的感受去结婚，因此，她对这对新人的结合表现得漠不关心，更没有心思去参加这场婚礼。

在这种情形下缔结的婚姻，婆媳关系从一开始就注定不会和谐。果然，婚后劳拉和婆婆之间充满了火药味儿，两个人一直都在矛盾和吵闹中度过每一天。法拉利的母亲和劳拉都是很要强的女性，她们都想享有法拉利更多时间的陪伴，想享有他更多的关爱。失去丈夫和长子的母亲一直和法拉利相依为命，小儿子是她心灵的慰藉。可作为妻子，劳拉理所当然地认为法拉利属于自己。婆媳二人针锋相对，谁也不肯退让。

鉴于这样不和睦的婆媳关系，从结婚那天开始，恩佐·法拉利就扮演着一种特殊的角色，他一直在努力调和母亲和妻子的关系，试图在她们俩之间寻求一种平衡。当然，这并不是一件容易的事，甚至比提高一辆赛车的性能更困难，但是法拉利有信心，在他看来，这只是一个时间问题。

当然，这些毕竟都只是生活中的琐事，法拉利还是把绝大多数的精力放在了工作上，他全力以赴地提高自己的赛车技术。

1924年，在库帕·阿瑟勃国际汽车赛上，法拉利亲自驾驶着阿尔法·罗米欧公司在1922年制造出的一款具有超强实力的赛车，他率领阿尔法·罗米欧车队一举战胜了德国实力最强的戴姆勒公司的梅塞德斯车队。这场比赛的胜利意义重大，它不仅让阿尔法·罗米欧公司和法拉利因此享誉世界，更重要的是，为意大利汽车行业赢得了巨大的荣誉。意大利政府为了表彰恩佐·法拉利为祖国赢得的荣誉，以及他为意大利汽车工业做出的巨大贡献，授予法拉利"骑士"爵位。

消息很快传遍了全世界，由恩佐·法拉利领导的跑车设计小组从此扬名于世界汽车制造业，后来更形成了以法拉利名字命名的跑车品牌，受到世界各国跑车爱好者的热烈追捧，甚至

和创造世界名牌的人

一起放飞梦想

Let the dream fly

一度成为荣耀的象征。

正是在这一时期，法拉利取得了一系列赛车比赛的成功，迅速成为意大利最具声望的赛车手，他的赛车事业开始走向巅峰。在追逐梦想的路上，经历了那么多的挫折和坎坷，法拉利终于收获到了成功的喜悦和胜利的荣耀。

第四节　"跃马"车徽的诞生

凡事欲其成功，必要付出代价：奋斗。

——爱默生

一提起"法拉利跑车"，人们自然而然就会想起车头上那个奔跑跃起的"跃马"车徽。这个标志性车徽的背后还有一段感人的故事。

1923年，在赢得了拉文纳车赛之后，恩佐·法拉利参加了一次聚会。在绿茵茵的草坪上，法拉利和遇到的人们有礼貌地打着招呼，举起酒杯轻轻地相碰，微抿一下后，站在一起闲聊说笑。

正在这个时候，一位举止优雅的伯爵夫人看到了法拉利。显然，这个相貌英俊、态度温和的小伙子让她很有好感，于是她走过来，向法拉利微笑着点点头并和他亲切地交谈起来。当伯爵夫人知道这位英俊的赛车手原来就是儿子巴拉卡战友的弟弟时，她显得十分高兴，就像见到了亲人一样。后来，伯爵夫人给法拉利讲起了自己儿子当年的一些故事。

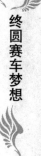

伯爵夫人的儿子巴拉卡和法拉利的哥哥埃佛都是一战时期享誉意大利的王牌飞行员，他们都曾以意大利皇家骑兵少尉的身份前往法国一同接受航空训练。训练结束后，他们一同回到了意大利。就在这时，第一次世界大战爆发了，意大利空军和奥地利空军展开了空战。在激烈的空战中，巴拉卡驾机击落了敌方5架飞机，他因此而成为意大利人心目中的英雄。因为巴拉卡驾驶的战机机身中部漆有"跃马"标志，从此"跃马"就成了意大利这次空战胜利的象征。后来，巴拉卡因战功显赫，被提升为空军91中队的指挥官，"跃马"徽标也自然而然地成了91中队的队徽。不幸的是，后来在一次执行战斗任务中，巴拉卡在击落了第34架敌机后，为国捐躯。

巴拉卡的故事让法拉利不由自主地想起了自己的哥哥，因此，他对这位从未谋面的战斗英雄不仅充满了敬意，更怀有一种兄长般的亲切。这次聚会之后，法拉利和伯爵夫人成了好朋友。一次，法拉利到伯爵夫人家中做客，他们又谈起巴拉卡和他的英雄事迹。伯爵夫人像突然想起什么似的，急匆匆地走

第二章 终圆赛车梦想

和创造世界名牌的人

一起放飞梦想

Let the dream fly

回房间，不一会儿又快步走了出来。出来的时候，法拉利注意到，她的手里多了一个玫瑰色的包裹。

伯爵夫人走到法拉利的面前，小心翼翼地打开了包裹，里面是一块飞机残片。原来，这是她珍藏多年的一片取自儿子巴拉卡战机上的残片。伯爵夫人非常珍惜这块带有"跃马"图案的残片，就像珍爱自己的儿子一样。但是，当她得知法拉利是儿子战友的弟弟的时候，她决定把这个残片赠给法拉利。伯爵夫人不仅建议他将"跃马"作为法拉利汽车的车徽，而且还希望法拉利把它镶嵌在车头上，让它像当年飞翔在蓝天上一样，在赛道、街道上迎风而驶，以祭奠、告慰英年早逝的国家英雄，表达永恒的纪念。

法拉利庄重地从伯爵夫人手中接过了这块残片，接受了伯爵夫人赠予的这份特别礼物，也接受了伯爵夫人的建议。他知道，这块残片代表着一种永不停止的奋斗精神，代表着意大利国家的一种永远向上的精神。巴拉卡伯爵夫人对法拉利说："它会给你带来好运的，就像给巴拉卡带来好运一样。"除了感谢，法拉利虽然没有多说什么，但是他在心中暗暗立下誓言："一定要让'跃马'车徽在全世界的赛道和街道上迎风驰骋，让每一个热爱赛车的人都记住它。"

回到家之后，法拉利仔细地端详着"跃马"标志，他发现这匹黑鬃骏马虽然两只后足直立，张嘴嘶鸣，两只前足悬空舞动，但马尾垂地，毫无腾跃的感觉。他对这样一个具有象征意义的标志感到有些不满意，于是他聘请了一些知名的画家，对这个徽标重新进行了构思。按照法拉利的设想，最后重新设计出新的"跃马"图形——一个高昂的马首，微张着嘴，后足单腿立地，马尾上扬。这一新图案表现出了骏马奔腾激昂、千里一跃、横扫千军的神态，刻画出了骏马奔腾不息的精神风貌。

在新设计的"跃马"顶端，法拉利还特意加上了意大利绿、白、红国徽为"天"，再以"法拉利"字母体横列串联成"地"，最后将旧徽上原来白色的底面，改为故乡摩德纳城的代表色黄色，以此渲染全幅图案，最后形成了"天地之间，任我驰骋"的新标志。新标志的图像和意境完美结合，很好地诠释了其本质的意义。

"跃马"徽标不仅成为法拉利品牌的标志，更成为一种不服输、不言败的精神象征，它激励着法拉利在创业道路上克服一个又一个困难，勇往直前。

和创造世界名牌的人

一起放飞梦想

Let the dream fly

第五节　初涉管理

> 人生的真正欢乐是致力于一个自己认为
> 是伟大的目标。
>
> ——萧伯纳

19世纪20年代末，随着赛车运动越来越受到人们的喜爱，从事赛车设计制造的各大公司迎来了发展的大好时机，各个公司都在竭尽所能地展示自己公司的各种车型，而为了达到这个目的，各个公司也都培养了大批优秀的赛车手。

实事求是地说，在众多的车手当中，恩佐·法拉利并不是最出色的那一个。虽然他非常努力地想要争取更大的荣誉，想让自己的赛车技术和才能得到世人的认可，不过事实证明，理想和现实的差距还是很大的。优秀的赛车手不断涌现，有些人在赛车方面的才华远远超过了法拉利。从一名车手的角度，认识并承认这一点对于法拉利来说并不容易，事实上，对谁来说这都不是一件容易事，谁愿意示弱？谁甘心认输？但是必须承认，赛车是需要一点天分的，努力对于提升自己当然有非常重要的作用，可仅凭努力，还不足以达到天才的高度。对于一个赛车手来说，你可以对任何天才不服气，但是恩佐·法拉利不仅仅是一名车手，他同时还是一名车队的管理者，为了车队的整体荣誉，他不能也无法忽视其他优秀赛车手的存在。发掘人才，引进人才，这是他工作的一个重要内容。

担任车队经理后不久，恩佐·法拉利就开始着手进行人才的引进工作。优秀车手雨果·西沃奇所在的CMN车队近况不佳，如果阿尔法·罗密欧向他伸出橄榄枝，他一定会欣然接受的。法拉利也十分清楚，如果西沃奇来到阿尔法·罗密欧，自己在车队中的地位就会有所下降，但他还是决定向里米尼推荐这位优秀的赛车手。最终，西沃奇加盟阿尔法·罗密欧。他先是负责测试部门的工作，后来又转到大奖赛小组任职。恩佐·法拉利的大度，让他们结下了诚挚的友谊。

同样，在引进路易奇·巴齐的事情上，恩佐·法拉利也发挥了至关重要的作用。可以说，恩佐·法拉利在人才引进方面丝毫没有掺杂个人感情，他从来没有因为想要巩固自己在车队的地位而排斥、打击更加优秀的赛车手，他一心想的就是如何发展、壮大公司，让车队获得更好的比赛成绩。这足以证明，恩佐·法拉利是一个胸怀宽广、目光远大的人，如果不是这样，他的名字也不可能至今仍深深镌刻在世界赛车运动史上。

路易奇·巴齐是菲亚特公司年轻的引擎专家，尽管当时

他只有30岁，但却是一名非常出色的专业人才。在法国大奖赛上，由于一点小小的意外，巴齐和菲亚特公司的首席机械师古一多·福尔纳卡闹翻了。当时，一辆赛车的增压器出了问题，巴齐提出不能再往里面增加汽油，可福尔纳卡不但没有听从巴齐的正确意见，反而蛮横地要求他向车里多加汽油。两个人为此闹得相当不愉快。后来，路易奇·巴齐一怒之下离开公司，来到了阿尔法·罗密欧公司。与一同工作的总设计师朱塞佩·梅罗西及其助手药剂师安东尼奥·桑托尼比起来，巴齐很快表现出了明显的技术优势。

这个时候，恩佐·法拉利则逐渐开始参与车队的管理和经营，并在很多方面显露出优秀的才能。这些事实充分表明，恩佐·法拉利成长了、成熟了，他已经意识到自己作为一名车手前途有限，因此他并不希望把自己的未来仅仅局限在赛车手这个行当里，他开始积极寻找自己人生新的发展方向。于是，才有了之后他代表公司参加了在法国和瑞士举办的车展。

在一次英国之旅中，恩佐·法拉利在布鲁克兰认识了倍耐力轮胎公司驻英国代表马里奥·伦巴蒂尼。与伦巴蒂尼的相识，改变了法拉利的一生。伦巴蒂尼认为，赛车运动和汽车工业之间存在着重要的联系，只有找到这两者之间的关系，才能获得人生的突破。法拉利正是在这一想法的基础上建立了自己的一套经营理念，而伦巴蒂尼本人也在法拉利创业期间给了他巨大的帮助。当然，这是后来的事情了。

这一时期，恩佐·法拉利开始努力在摩德纳周边地区建立汽车销售网络，提高自己的销售业绩，不断巩固自己在阿尔法·罗密欧公司的地位。由于业绩突出，恩佐·法拉利逐渐成为在公司里地位举足轻重的人。

在此期间，法拉利创办了他的第一个公司，地址在艾米利亚旧城墙附近，他根据公司总部所在城市的名字为自己的公司命名。从此，在这个地方，法拉利开始了他的商业生涯，并酝酿着他一生中最重要的华丽转身。

法拉利雇用了一些当地人为他工作，这种角色的转变，使他对自己的人生有了新的认识。当他是一名赛车手的时候，他的胜负成败更多地只是他个人的事情；而当他开始经营一家工厂以后，他的兴衰荣辱不再仅关系到他个人，更关系到许多依赖他的工厂生存的工人以及他们家人的生计问题，这一发现，让法拉利觉得自己责任重大。

作为当地小有名气的企业主，恩佐·法拉利用他自己作为赛车手时创出的名气，不断地向富人们和赛车爱好者推销跑车，以提高自己设计开发出来的跑车的知名度。在这一过程中，法拉利逐渐认识到了自己真正的才能——自己不仅仅是一名赛车手，更是一个跑车制造商，也许后者才是自己真正的人生追求。

和创造世界名牌的人

一起放飞梦想

Let the dream fly

　　从赛车手到跑车制造商，这是法拉利在人生道路上不断追求、发现、调整和转变才找到的人生方向。正是这个调整和转变，成就了恩佐·法拉利传奇的一生。尽管当时的报纸经常对法拉利作为一个赛车手的表现给予很高的评价，甚至有报道把他描述成一个"勇敢机智，自信完美"的赛车手，还有人在1920年的塔加·费罗里奥公路赛之后称他为"意大利最好的车手之一"，但事实上，这在一定程度上有夸大之嫌。更重要的是，法拉利的上司里米尼显然并没有把他当作高级赛车手，起码没把他和阿斯卡利、坎帕里看成是同一水平的车手。因此，里米尼只让法拉利参加低级别的比赛，每个赛季也只有四五场比赛而已。当有重要的大奖赛时，他基本上没有考虑过让法拉利参赛。

　　恩佐·法拉利曾这样评价自己的赛车技术，以及述说自己的人生："我不敢肯定一直坚持下去的话，自己是否能够成为一名伟大的赛车手，那时我心中始终还充满疑虑。如果你想取得好的赛绩，那么你就必须明白如何对待你的赛车。换挡时机不对，发动机超负荷运转，紧急刹车，以及所有对赛车构成机械损伤的做法都是不对的。事实上我开车并不是简单地为了从一个地方到达另一个地方，我喜欢感受赛车对我操作所做出的反应，喜欢把自己当作赛车的一部分，把自己和车融为一体。我不能忍受任何对赛车造成伤害的行为。"法拉利对自己眼前取得的成绩认识得非常清醒，同时他也在不停地审视自己的人生和事业，更在不停地寻找自己的人生方向。

曾有人说恩佐·法拉利缺少赛车手应该具有的霸气，甚至是缺乏跻身顶级车手行列所需要的勇气。他的朋友，编年史家吉诺·兰卡迪说："法拉利对他的赛车过于爱惜，或者可以说他考虑得太多，不够果敢。"尽管谁也不能说一位在塔加·费罗里奥公路赛中夺得过亚军的车手是个胆小懦弱的人，但事实上，恩佐·法拉利的确不像有些车手那样，为了追求速度、名次可以不顾一切。也许正是因为认识到了这一点，恩佐·法拉利才从车手的队伍中急流勇退，转而从事赛车的设计、研发和制造。

第六节 P2赛车的诞生

> 理想是指路明灯，没有理想，就没有坚定的方向；没有方向，就没有生活。
>
> ——托尔斯泰

1923年年底，阿尔法·罗密欧车队派出三位明星车手阿斯

卡利、坎帕里和西沃奇驾驶着P1赛车，参加意大利大奖赛。这一次，恩佐·法拉利不是以赛车手的身份参加比赛的，而是以管理人员的身份去参加例会的。当然，他也不会错过观看精彩赛事的机会，因为除了阿尔法·罗密欧车队外，菲亚特、Sunbeam和布加迪车队也都派出了豪华阵容，所以这场比赛注定是一场龙争虎斗，错过了岂不可惜？

然而，法拉利没有想到，这场比赛竟然充满了悲剧色彩。在比赛进行了两圈之后，西沃奇的赛车由于车速过高，在一个左转弯角驶出了赛道。法拉利马上赶到出事地点，第一个冲到西沃奇的赛车旁边，把西沃奇揽在怀里，并对他进行临时急救。

这时，一位英国观众志愿者走过来，表示愿意用自己的车把西沃奇送到镇上的医院，以便进行及时的抢救。但不幸的是，西沃奇因为伤势太严重，医生最终也没能挽救他的生命。

一位摄影师从车尾拍下了当时的场景：奄奄一息的西沃奇躺在后座上，一名士兵紧紧地抓住车门，而那位英国人身穿大衣，戴着手套和软毡帽，双手紧紧地握着方向盘。

为了表达全队的悲伤和对西沃奇的尊重，里米尼当场就宣布让剩下的两辆赛车退出此次比赛。法拉利更是悲痛万分，西沃奇对他的影响太大了，正是西沃奇，让法拉利相信了赛车运动可以是一项为之奋斗终生的事业。法拉利默默地送走了西沃奇，告别了这个赛道上的战友，却难以挥去内心的悲伤。从此，法拉利一直都将西沃奇的赛车编号17视为不详的数字。

惨痛的事实证明，P1赛车还不足以和那些最好的赛车竞争，它还需要进行不断的改进和提高。里米尼也意识到了这一点，为了更好地改进P1赛车，他向大家广泛地征求意见，尤其是向熟悉汽车的赛车手和机械师们征求意见。里米尼还找到了巴齐，让他推举优秀的人才。巴齐很热情地为他推荐了一位效力于菲亚特的天才机械师——维托里奥·亚诺。

里米尼这才知道，世界上竟然还有这样一位天才的机械师，他迫不及待地想要将维托里奥·亚诺收至麾下。于是，他命令法拉利立刻赶往都灵，找到这位年轻的天才，劝说他加盟阿尔法公司。法拉利其实并不认识亚诺，不过幸亏他从前认识的一位机械师知道亚诺的情况。法拉利找到这位依旧住在都灵的机械师，经他帮忙打听到了亚诺的家庭住址。

法拉利对亚诺进行了一次"决定性"的拜访。亚诺住在一座毫不起眼的楼房的三楼，应声来给法拉利开门的是亚诺的妻子，她满怀疑虑地看着这个陌生的来访者。对于这次拜访，法拉利没有说过多的客套话，而是开门见山、直截了当地说明了自己的来意。

此时，亚诺还没有回来。法拉利非常坦率地告诉亚诺妻子自己此行的目的——劝说亚诺跳槽，加盟阿尔法公司。亚诺回

和创造世界名牌的人

一起放飞梦想

Let the dream fly

来之前，法拉利一直在做亚诺妻子的工作，希望她能帮助自己说服亚诺放弃在菲亚特的工作，加盟阿尔法。但亚诺的妻子告诉法拉利，作为一个皮埃蒙特人，她的丈夫不愿意离开都灵。

不久，亚诺回来了，法拉利跟亚诺非常详细地谈了加盟阿尔法公司的好处，以及加盟后会获得的经济和地位上的待遇，亚诺答应考虑。让法拉利没有想到的是，第二天亚诺就同意接受邀请，并马上签约。按照合同规定，亚诺的工资由在菲亚特时的每月1800里拉上涨为3500里拉。

亚诺是个行事果断的人，一到米兰，他立刻就投入到新工作当中。对于他的高收入，没有一个人表示异议。法拉利写道："巴齐说他是个意志坚定的人，而据我看来，这种说法还是过于委婉了。因为，亚诺一到米兰，就立刻投入到新工作中去，很快就在工厂内部建立了军队铁般的秩序。"

不仅如此，亚诺还对原来的P1赛车彻底进行了重新设计，本着趋利避害的原则，设计研制出了新一代的P2赛车。亚诺为这个赛车装备了双气门8缸增压发动机，液压制动，大大提高了赛车的速度。1924年，阿尔法·罗密欧车队的赛车手驾驶着P2赛车参加了该赛季的比赛，当时由于时间仓促，没有来得及将车身喷涂成阿尔法车队的深红色。不过，这种充满了设计感和创新风格的赛车一经亮相，就在对手中引起了巨大轰动。当时，大家都站在场地旁边，目不转睛地盯着赛道。突

然，一辆表面尚未喷涂颜色的银色赛车如同出膛的子弹一般呼啸而过，引擎发出的怒吼声仿佛是在向人们炫耀着自己无与伦比的动力。它就是阿尔法公司才推出的P2赛车，它一亮相就吸引了大家的眼球，赛车手阿斯卡利驾驶P2赛车跑的第一圈更给大家留下了深刻的印象，成为当场赛事的焦点。在这次比赛中，阿斯卡利驾驶P2赛车毫无悬念地在克雷默纳夺冠。

耀眼的光环很快笼罩了阿尔法车队，各种荣誉也接踵而至。坎帕里赢得了欧洲大奖赛的冠军；在意大利大奖赛中，阿尔法车队的4名车手更是包揽了比赛的前四名，这个史无前例的胜利使车队的威望得到了空前的提高。

亚诺的加盟，无疑给阿尔法公司带来了巨大的改变。P2赛车的辉煌战绩，亚诺更是厥功至伟，但是，所有这一切并不是他一个人的功劳。不可否认，在此过程中，恩佐·法拉利也起到了不可忽视的作用。

但是，令人意外的是，在那些欢庆胜利的赛车手中，人们没有看到法拉利的身影，而这恰恰是他赛车手生涯中比较奇特的一年。1924年，恩佐·法拉利和机械师西耶纳共参加了5次比赛，取得了3次冠军。其中有2次比较有意义，一次是在萨维奥的比赛中，他以领先第二名两圈的成绩夺冠，另一次则在著名的阿塞尔博杯大赛上，法拉利取得了到那时为止他个人最好的成绩。

和创造世界名牌的人

一起放飞梦想

Let the dream fly

第七节　谜一样的退出

成功并非重要的事，重要的是努力。

——泰尔多尔

1924年，著名的阿塞尔博杯大赛如期举行，恩佐·法拉利驾驶着一辆老式6汽缸RL型跑车参加了比赛，比起他的队友坎帕里驾驶的P2赛车，法拉利的这辆赛车要落后许多。不过，也正因为如此，才让这场比赛充满了传奇性。

恩佐·法拉利从比赛一开始就取得了领先地位，紧随其后的是两位梅塞德斯队的车手。开赛不久，法拉利的队友坎帕里驾驶的P2赛车的变速箱就发生了故障，无法继续比赛，但坎帕里玩了个小把戏，他把抛锚的赛车推到篱笆后面藏了起来，因此使那两位梅塞德斯车手没有注意到他的退出。

法拉利同样非常奇怪他的队友究竟到哪儿去了？因此，他一边加速往前冲，一边不停地观看后视镜，但却始终没有发现那辆P2赛车的踪影。法拉利感到很纳闷，P2赛车的速度要比自己的车速快得多，可是现在却踪影全无，到底发生了什么事情？

法拉利十分担心坎帕里，于是他稍稍放慢了速度，想等一等坎帕里。西耶纳仿佛看透了法拉利的心思，他马上冲法拉利大声吼道："继续前进，千万不要放慢速度，我们就要赢了！"此时，跟在法拉利后面的梅塞德斯队的车手也在为坎帕里的失踪而感到迷惑，他们不知道坎帕里到底在哪里，因此，他们在一片迷惑中错失了发动有效反击的最后机会。最终的结果是，法拉利第一个冲过了终点。

作为冠军，恩佐·法拉利得到的奖励是出自佛罗伦萨工匠之手的银质奖杯，以及一张5000里拉的支票。作为一名赛车手，这次胜利令法拉利大大扬名，他受到了人们热烈的欢迎，欢呼的人群中包括空军元帅巴尔博、阿布鲁奇公爵，以及墨索里尼内阁成员阿塞尔伯教授，这场赛事正是以这位教授的哥哥——已故的一战英雄的名字来命名的。

三周以后，法国大奖赛在里昂举行，阿尔法车队共有四名车手参赛，除恩佐·法拉利之外，还有阿斯卡利、坎帕里和经验丰富的法国车手路易斯·瓦格纳。这次参赛，他们的比赛用车都是亚诺设计的P2赛车，法拉利的随车机械师则是他的老朋友巴齐。几乎每个人都认为这是法拉利乘胜追击、成为顶级赛车手的最好机会，这个机会法拉利等待了很久，没有人相信他会轻易地放弃。但是，事情就是这么奇怪，人人都认为不可能

和创造世界名牌的人

一起放飞梦想

的事情，结果偏偏就发生了，让人瞠目结舌之余，百思不得其解。这件事，最终成为法拉利赛车史上最让人难以理解的奇特插曲之一。

当时，到底发生了什么事情？原来，在跑完热身圈之后，法拉利一句解释的话也没有说，直接退出了比赛，然后就收拾行李，坐火车回家乡摩德纳去了。从那以后，他再也没有收到过驾驶P2赛车参加比赛的邀请，而他夺得大奖赛冠军的可能性也永远消失了。事后，法拉利说："热身圈进行得很顺利，但那以后我突然觉得极度疲劳。我感觉非常难受，再也不能坚持比赛了。"法拉利把退出归咎于病痛的困扰。的确，在那一整年里，法拉利身体状况很差。他写道："事实上我感到很厌烦，我不想再开车了，我要退出赛车场。"

但是，这样的解释，显然不能让人满意。一直以来，成为一名冠军赛车手都是法拉利的梦想和追求，他坚持了这么多年，是不会因为一点病痛就停下追逐的脚步的。更重要的是，法拉利在来到里昂之前的10周内已经连续夺得了三次冠军。在这种情况下，任何满怀抱负的赛车手都不会放弃里昂夺冠的机会，尤其像法拉利这样一个热切渴望成功的人。对于他来说，驾驶着P2赛车去击败那些最优秀的车手，这将是一个多么激动人心的时刻啊！可是，法拉利却出人意料地当了一名"逃兵"，这样的举动实在令人费解。事隔多年以后，当有人问及法拉利那次奇怪的退出时，法拉利说："事情的真相就是我病了，那是我第一次感觉到这种病的症状。后来到1969年，这种疾病在我身上爆发，并对我产生了非常大的影响。它迫使我将公司50%的股份卖给了菲亚特。"

然而，这样的说法依然令人捉摸不透，人们猜测：第一，确实受到某种间歇性临床抑郁症的困扰，他一直以极大的毅力忍受着这个病痛的折磨，而这种病痛恰好就在那个时间爆发了，当时他已无法继续工作，需要休息和调养一段时间。第二，他受到妻子和母亲之间关系的影响。那段时间，在法拉利家里，婆媳之间发生了巨大的矛盾，已经达到了不可调和的地步，需要法拉利立刻回家处理；同时，也许还因为她们不想看到他整天忙于赛车，而且赛车还存在着巨大的安全问题。第三，就像法拉利自己后来所说的，这样做是为了给他后来出售公司股份放烟雾弹，而事实上等于在某种程度上承认了他在一些方面的软弱。

所有的这些猜测都是有一定道理的，但似乎理由又都不够充分，但有一点是可以肯定的：1924年8月这次出人意料的突然退出至少有一点好处，那就是让法拉利坚定信念，排除干扰，一心一意为建立自己的汽车产业而奋斗。

不过，这次事件倒没有对恩佐·法拉利和阿尔法·罗米欧之间的关系造成什么损害。毕竟，阿尔法的这一系列胜利都缘

于法拉利的巨大贡献——从菲亚特挖过来了巴齐和亚诺。

6周以后，法拉利身着比赛服，脖子上围着一条丝巾，又出现在了蒙扎赛道上，仿佛什么事情都没有发生一样，他和瓦格纳、里米尼，以及尼古拉·罗米欧一起微笑着站在摄影师面前。就在拍摄这张照片的第二天，他们这个四人车队就赢得了意大利大奖赛的胜利。

第八节　再度燃起激情

> 没有激情，世界上任何伟大的事业都不会成功。
>
> ——黑格尔

在之后的三年时间里，恩佐·法拉利再也没有参加过任何比赛，他似乎已经下定决心不再让比赛牵扯他的精力，而是把他全部的时间和精力都投入到了扩大生意规模和建立客户网络上，他要全力以赴地发展自己的事业。当时，意大利正处于墨索里尼的独裁统治下，社会环境动荡不安，尽管如此，恩佐·法拉利仍然抓住一切机会，默默地一步一步地发展并巩固着自己的事业。

1925年，阿尔法车队满怀信心地投入到了新的赛季。但是7月里发生的一件事情，给他们带来非常沉重的打击——安东尼奥·阿斯卡利在法国大奖赛上遭遇车祸身亡。

当时，阿斯卡利处于领先地位，正满怀信心地准备迎接三连胜。正在这时，意外发生了。阿斯卡利一时不慎，令赛车的风翼碰到了路边的一根杆子，高速行驶的赛车瞬间失控，一路翻滚，最后底朝上掉进了路边的沟里。等到救护车赶到现场的时候，阿斯卡利已经停止了呼吸，阿尔法车队出于对赛车手的哀悼又一次退出了比赛。

阿斯卡利的离去使法拉利悲痛欲绝，阿斯卡利在法拉利的心里有着极高的地位。法拉利这样评价他："如果遇到机械方面的难题，他从不羞于向别人请教。他是一个优秀的父亲、一个模范丈夫、一个伟大的朋友，他不仅对金钱大方，而且在任何方面都很大方，只要你需要他的帮助，他从不推三阻四。阿斯卡利没有受过太多的教育，但他的知识却很渊博。"在法拉利看来，阿斯卡利不仅是一名优秀的赛车手，他还成功地将赛车运动和汽车生意结合在了一起，在这方面他堪称法拉利的良师益友。

阿斯卡利被安葬在米兰的纪念公墓，整个车队都参加了他的葬礼。低空飞行的飞机撒下片片鲜花，队友坎帕里抱起了阿

斯卡利7岁的儿子，对他说，"终究有一天，你会达到你父亲的高度，甚至可能会比他更有名"。

再深的悲伤也会随着时间的推移而慢慢变得浅淡，而一个现实问题却急需解决：失去了阿斯卡利的阿尔法车队需要一个新的赛车手。这时，法拉利又一次向里米尼推荐人选——赛车手塔齐奥·诺沃拉里，这位前摩托车手曾经在萨维奥的比赛中夺得过亚军。

遗憾的是，诺沃拉里在测试中的表现非常糟糕，他驾驶的P2赛车先是险些撞上路边的护栏，随即又冲出赛道，最后多亏一群士兵，才把他从困境中解救了出来。这让亚诺非常不高兴，因为他设计的P2赛车被撞得面目全非，这款他心爱的赛车从设计出来至今还从没有过如此糟糕的遭遇。

同年9月份，阿尔法车队赢得了意大利大奖赛的冠军，同时也赢得了当年的世界冠军。这次代表阿尔法车队出战的是贵族车手——32岁的加斯通·布雷利·佩里和另一位新加盟的车手。

但是，就在夺冠的同一天，阿尔法·罗密欧宣布了一个令人震惊的消息——阿尔法车队将从此退出大奖赛。这一突然决定，使公司内部发生了严重分歧，里米尼离开了公司，梅罗西也当即宣布辞职，当时已经升任设计总监的亚诺则被调去设计快速轻型轿车1600和1750系列。这个系列的轿车车身设计精美，工艺先进，反应灵敏，车速较快，兼具跑车的速度感和轿车的舒适性。

从事汽车经销多年、经验丰富的恩佐·法拉利十分清楚，这样的轿车其实不需要使用太多的推销手段就会有很好的市场，这让他觉得十分轻松。可能正是由于工作压力骤然减轻的缘故，沉寂了几年的法拉利心中又开始涌动起参加比赛的冲动，他很快将这种冲动变成了实际行动。

1927年的春天，恩佐·法拉利驾驶一辆老式的阿尔法RLSS赛车在一场不太出名的比赛中赢得了第一名。三周以后，在家乡摩德纳，他又驾驶由新式公路跑车改装而成的6C-1500SS赛车参加比赛并一举夺魁。本来，那场比赛法拉利获胜的机会并不大，然而，一场突如其来的大雨改变了这一切。正当比赛进行到一半时，暴雨从天而降，顿时井然有序的比赛乱作一团，猝不及防的赛车手们在大雨中像一群无头苍蝇般乱冲乱撞。等到天色转晴，法拉利惊奇地发现，自己竟然已经处于领先地位了，最终他以11秒的优势夺得冠军。

在比赛的终点，法拉利受到了围观群众的热烈欢迎和身着盛装女孩的热情亲吻。不过，与胜利的喜悦相比，对法拉利来说意义更为重大的是，这次比赛让他结识了机械师帕皮诺·福尔德利。从此，这个年轻人在以后的40年里一直伴随在法拉利身边，成为法拉利最为信任的伙伴。尽管表面上他是法拉利的

和创造世界名牌的人

一起放飞梦想

Let the dream fly

司机，但实际上很多时候他都是乘客，而法拉利则非常乐意充当他的司机。福尔德利有妻子和孩子，但人们都说，他真正的家其实在法拉利那里。

连续参加这些小型的比赛，似乎表明恩佐·法拉利已经从里昂退赛事件的阴影中走了出来，他的心中仿佛又重新燃起了对赛车的渴望。正在这时，一条专门为跑车和双门轿车设计的新赛道投入使用，不仅给那些喜欢赛车的人们提供了一个崭新的空间，也让法拉利参加大赛的愿望变得更加强烈。

不久，恩佐·法拉利率领拥有三辆赛车的阿尔法·罗米欧车队参加了千里杯比赛，实现了他参加大赛的愿望。

赛车运动刚刚兴起的时候，比赛是在城市之间的公路上进行的。后来，这种比赛形式因危险性极大而渐渐消失，专业比赛赛道应运而生。不过，千里杯比赛采取的仍然是在不同城市之间的公路上进行比赛的形式，比赛由两名贵族发起，初衷是宣传自己的家乡。之所以叫千里杯，是因为发起人之一卡斯塔涅托经过测量，算出赛道的全长约为1600公里，于是另一位发起人马佐蒂提出建议，既然比赛全程大约1000英里，那么不妨就叫它"千里杯"。

比赛从布雷西亚出发，经罗马然后再返回布雷西亚，这条几乎环绕半个意大利的赛道的开辟，对于意大利的汽车和工业水平都是一种检验。因为，整个赛道跑起来难度非常大，路面上到处都是马车辙辘轧出来的深沟，弯道既多又险，满地都是砂石和烂泥。有时候，刚刚转过一个陡弯，冷不防前方就是横贯而过的铁路线，让人措手不及。这样的赛道，无论是对赛车手还是对赛车而言，都是一个极大的考验，既考验赛车手的反应能力，又考验赛车的质量问题。和四年前开始的勒芒24小时赛一样，这项赛事的目的是吸引那些想要展示他们赛车速度和可靠性的厂商，这就是对他们赛车最好的检验。

正因为难度大，所以当时很多人都认为这项赛事对于赛车技术的发展将起到巨大的推动作用。只有在这条赛道上取胜的车手，才称得上是真正的冠军；只有在布雷西亚取得的胜利，才算得上是真正的荣誉。

当时，里米尼已经离开了，恩佐·法拉利只好亲自带领拥有三辆赛车的阿尔法·罗米欧车队参加这项刚刚创办的赛事。阿尔法车队的三辆赛车都是梅罗西设计的6汽缸RLSS型赛车，这种赛车拥有流线型车身，结实耐用。比赛进行的过程中，恩佐·法拉利提前来到博洛尼亚和佛罗伦萨之间的一个小镇上，等待他们的车队经过，以便确定车队三辆赛车的比赛状态是否正常。但非常遗憾的是，三辆赛车分别在佛罗伦萨到西耶纳，罗马到佩鲁贾，以及从安科纳返回的途中，一辆接一辆地退出了比赛。最终，冠军的获得者是另一位意大利车手南多·米诺亚，他的平均时速达到了每小时47英里，总共耗时21小时。

和创造世界名牌的人

一起放飞梦想

Let the dream fly

虽然从阿尔法·罗米欧车队的角度来说，这场比赛是全军覆没；但是从主办方的角度来看，这次比赛可以说取得了巨大的成功，而且在此之后的30年里一直被人们视为一个传奇。

正是由于这样一项由世纪之交的先驱者们创办的尚处于自然状态的比赛的存在，使意大利成为欧洲最后一个禁止在公用的道路上举行赛车活动的国家。当英国立法规定不准在公路上赛车之后，数百万的意大利人都认为，穿越城镇乡村的千里杯比赛是体现英雄主义和展示赛车质量的最好机会，他们把这项比赛视为自己的骄傲。这样的想法其实并非没有道理，看看现在的比赛，赛车手们系着安全带坐在碳素纤维的驾驶舱里，观众们则在隔离带和防护墙的后面远远地观看比赛，安全固然安全，但是这项运动却早已失去了当初的激情和冒险，即便车速快得依然令人心驰神往，但却不再有那种震撼的力量。

从千里杯赛事开始到30年后告终，恩佐·法拉利一直都在其中扮演着非常重要的角色。

Ferrari

第三章　几番风雨
痴心追梦不悔

Ferrari

第一节 组建自己的车队

壮志与毅力是事业的双翼。

——歌德

恩佐·法拉利是一个有理想、有抱负的人，给阿尔法公司做"代理人"，一来束缚了他的手脚，他的很多想法不能得到实现；二来他也并不甘心久居人下。他想要组建自己的车队，拥有属于自己的赛车。

法拉利希望他自己的车队能够既不受汽车制造商的影响，同时又能得到他们的财政支持，这样，他就可以完全施展自己的才能，而没有金钱上的忧虑了。但是，任何事情都不会如预想的那样一帆风顺，正当法拉利开始制订计划时，他本人的赛车手生涯却遭受了重大挫折。1929年，他参加了三场赛车比赛，但结果都令人始料不及。在亚历山大巡回赛中，法拉利居然冲出了赛道；在德尔波佐巡回赛中，由于后制动失灵，法拉利仅取得了第5名；而在穆格罗巡回赛中，他则因为高烧参赛而仅获第8名。这样的成绩，让法拉利感到空前的窒息，可

能也正是在这个时候，他更加坚定了自己走上另外一条道路的信心。

好在不久之后的一场胜利，让法拉利的心情变得舒畅起来。那虽然是一场他本人并未亲自参加的比赛，但法拉利却打了场漂亮的仗，而且这场胜利，对于法拉利的未来意义更为重大。在那场比赛中，三名年轻人驾驶着崭新的阿尔法·罗米欧赛车首次登台亮相，他们是摩德纳的阿达米、费拉拉的卡尼亚托和博洛尼亚的塔蒂尼。此次参赛的赛车均购自法拉利。

一个月后，在博洛尼亚举行了一场正式的宴会，庆祝波尔扎奇尼驾驶6汽缸玛莎拉蒂赛车刷新世界速度纪录。在这次宴会上，法拉利实施了他的第二步计划，他邀请两位客户——卡尼亚托和塔蒂尼与他同桌进餐。卡尼亚托和弟弟奥古斯都两人都是纺织品制造商，塔蒂尼则来自贝加莫的一个富有家庭。席间，法拉利向他们提出了想联合成立车队的计划，在这个计划中，由法拉利负责传授经验、联系比赛以及提供技术支持，而合作者则只需要提供基本的资金。这两个年轻人对法拉利的计划表现出了浓厚的兴趣，他们跃跃欲试地想要进入这个全新的行业。

1929年12月1日，在摩德纳一位律师的办公室里，他们签订了成立法拉利车队股份公司的合同。卡尼亚托兄弟和塔蒂尼出资13万里拉；法拉利本人出资5万里拉，又从朋友那里筹措了5000里拉。

　　卡尼亚托和塔蒂尼的资金超过总资金的一半，为车队建立起了骨架，而法拉利本人则开始利用以前的关系网络，为车队增添血肉。他首先找到了阿尔法·罗米欧公司的管理人员，希望能够得到公司的支持。此前，公司一直在犹豫是否应该继续组织车队参赛，听了法拉利的计划之后，阿尔法公司认为法拉利的计划可以帮助他们减轻公司在赛车项目上的负担。当然，他们也非常清楚，如果阿尔法赛车在比赛中表现优异的话，公司的销售业绩也将随之大幅增长。

　　鉴于法拉利的赛车手背景，以及他对车队的管理经验，公司上下一致对成立法拉利车队充满了信心。因此，双方很快就达成了协议：阿尔法公司为车队提供技术支持和基本设备，作为交换，他们将拥有车队的部分股份，阿尔法公司的参股金额折合为10000里拉；另外，一个米兰的轮胎制造商倍耐力也以5000里拉的资金参股。

　　不管法拉利最初提出这个创意是出于什么想法，事实上这项计划之所以能够获得成功，很大程度上是由于法拉利出色的安排和协调能力。恩佐·法拉利的成就，主要表现在两个方面。

　　第一，具有远见卓识的商业头脑。当时法拉利已经意识到，如果一个大的制造商与一个符合其竞争战略需要的小型公

司建立业务关系，那么，这个制造商将能够从这种关系中获得利益。他知道，必须要给这些制造商们一些利益，自己才能立足。

而在阿尔法看来，法拉利车队为他们提供了一个机会，他们自己不必直接组队参加比赛，但仍可以在赛车运动中保证阿尔法赛车的地位。当然，阿尔法公司还从法拉利车队中得到了另一个好处，法拉利车队要把赛车的实验和车手们的情况通报给阿尔法公司，这个好处似乎并不显眼，但却非常实际。因为这样一来，车队就成了一个由阿尔法公司忠实用户构成的小分队，阿尔法公司在分享比赛激情的同时，也分享了法拉利车队的技术和经济利益。

当然，此时的阿尔法·罗米欧仅仅是把法拉利车队看作是一个喜爱赛车运动的车队而已，从来都没把它当作竞争对手，更从未想到这么一个小车队，将来竟然会发展成为一个世界闻名的汽车制造厂。

第二，恩佐·法拉利非常清楚一个车队如何才能有效地利用来自外部的资金和技术。在成功联合阿尔法·罗米欧和倍耐力之后，法拉利又拜访了生产火花塞的博世公司和生产润滑油以及碳化剂的壳牌公司，并分别与他们签订了合作协议。法拉利虽然不是商业赞助的发明者，但他却是第一个将其系统化的人。他签订的这些协议大大拓展了商业赞助的范围，一些与汽车工业毫不相关的跨国公司也都成了法拉利的合作伙伴。道理其实很简单，这些公司都明白，赛车运动在世界范围内具有相当大的影响力，而法拉利车队实力雄厚，这样的合作会给他们带来可观的经济利益。

这些合作伙伴关系的建立，意味着恩佐·法拉利的计划正一步步地走向成功。

一切都在悄无声息地进行着，而法拉利则看着车队按照自己预期的目的顺利地发展着。这些，都是静悄悄的革命。

第二节　新车手加盟带来活力

海纳百川，有容乃大。

——袁宏

在1929年年底恩佐·法拉利在摩德纳创立法拉利车队的时候，一切都很简陋。当时，车队的总部就设在艾米利亚的一间旧厂房里，他们也只拥有6辆赛车，其中三辆为阿尔法1750，两辆为阿尔法1500，还有一辆雪铁龙作为备用赛车，其余的车辆都是属于车手们自己的赛车。

和创造世界名牌的人

一起放飞梦想

Let the dream fly

恩佐·法拉利任命萨拉科·法拉利为车队的第一任经理。需要解释一下的是，萨拉科·法拉利和恩佐·法拉利没有血缘关系；恩佐·法拉利又任命福尔德利担任车队的机械师。法拉利车队可举办赛车比赛和摩托车赛，该车队的主要目标是让自用车驾驶者能够参加比赛。它的成立在当时掀起了一股体育活动的热潮，最后它成为阿尔法·罗米欧的技术赛车基地。

法拉利车队成立以后，很长一段时间都没有多少实质性的发展，直到坎帕里加盟，法拉利车队才开始迎来春天。坎帕里连续在卡塞尔塔和罗马的两项赛事中名列前茅。有了这样辉煌的成绩做宣传，再加上法拉利不断努力加强与阿尔法公司的关系，使阿尔法公司终于决定送给车队一辆P2赛车以增强它的竞争力。这辆P2赛车是被南美一位买主退回来的，后经过公司试车手进行了改装。作为交换条件，法拉利同意让坎帕里回到阿尔法工厂的车队。

在新赛车运抵车队的第一天，法拉利就认定：驾驶这辆赛车的人非塔齐奥·诺沃拉里莫属。在恩佐·法拉利的一生中，每当被问到谁是他见过的最伟大的车手时，他都会毫不犹豫地回答——诺沃拉里。

1924年，恩佐·法拉利和诺沃拉里第一次在圣阿波利奈尔教堂前见面。当时，法拉利在萨维奥巡回赛中的维修站，起初

法拉利并没注意到这个瘦小的车手，甚至几乎没有关注过他。但随着比赛的进行，诺沃拉里表现出来的才能，让法拉利越来越有危机感。法拉利意识到，只有他才是自己真正的对手。当时，法拉利驾驶的是一辆搭载3升发动机的阿尔法·罗密欧赛车，比赛的结果是他夺得冠军。在一周以后的波利西尼巡回赛中，法拉利和诺沃拉里取得了同样的名次，从此两人便逐渐相识。经历了一段时间的交往之后，他们发现彼此志趣相投，于是很快就成了朋友。

虽然诺沃拉里所在的车队和法拉利车队是赛场上的对手，但这并不影响两位赛车手的交往，最后，诺沃拉里加盟了法拉利车队。不过，诺沃拉里在管理车队方面缺乏足够的才能，而且他也丝毫没有政治艺术方面的天赋。后来，诺沃拉里因在蒙扎赛道试车时撞坏了一辆珍贵的P2赛车而惹怒了公司首席设计师亚诺，亚诺气得当场就骂诺沃拉里是个白痴，永远也不会成为一个优秀的赛车手。

那个时候，也许只有恩佐·法拉利才能看到诺沃拉里那没有被发掘的才华，也只有恩佐·法拉利才能确认，诺沃拉里在赛场上最终将会达到连他都无法企及的高度。诺沃拉里其实是一个极端自信的人，并且有着一种很"尖刻"的幽默感，没有多少人能真正了解这个赛车手。而法拉利能够读懂他，则是因为一次参加塔加·费罗里奥公路赛的经历。

第三章　几番风雨痴心追梦不悔

和创造世界名牌的人

一起放飞梦想

Let the dream fly

1932年，恩佐·法拉利送车手们去参加塔加·费罗里奥公路赛，他给每个车手都买了一张去比赛地西西里的往返车票。诺沃拉里看了看车票，对他说："他们都说你是个不错的经理，但我却不这么认为。你应该只买单程车票，因为每一个参加比赛的人都有可能躺在棺材里回来。"正是因为这句话，那次比赛，法拉利故意给诺沃拉里安排了一个新手作为机械师，然后等着看他的反应。结果，诺沃拉里只是把那个小伙子上上下下打量了一遍，问他是否害怕跟自己同车比赛，然后轻描淡写地提醒那个小伙子："我在高速过弯的时候会大声提醒你，这样你就可以及时躲进仪表盘的下面以免摔出车外。"当他们从赛场回来之后，法拉利悄悄地问那位年轻的机械师感觉怎么样。那个小伙子心有余悸地说："诺沃拉里在第一个弯道处就开始冲我大喊，一直到终点他根本就没有减过速。所以，我在整个比赛期间一直躲在仪表盘下面，什么也没看见。"

这就是诺沃拉里的赛车风格，这也正是法拉利看好他的一点。

1930年，诺沃拉里在法拉利车队的首次亮相就取得了巨大成功。他驾驶P2赛车在六七月间参加了三项山地赛事。在6月15日举行的第一项赛事中，他为法拉利车队赢得了第一个冠军头衔。赛后，整个车队包括4位车手和他们的赛车、机械师、技师以及几名车迷照了一张全家福。照片上，每个人的脸上都洋溢着自豪的表情，法拉利则站在诺沃拉里的P2赛车和比赛第四名西耶纳的1750赛车中间。在第二项赛事中，诺沃拉里力压梅塞德斯车队的卡拉奇奥拉，再次夺冠。在利沃诺举行的齐亚诺杯比赛中，诺沃拉里一鼓作气，完成了他的"帽子戏法"。此番过后，人人都对这位天才赛车手刮目相看。

此后，又有两位顶级车手加盟了法拉利车队，他们是阿尔坎杰里和波尔扎奇尼，但是，由于车队只有一辆P2赛车，他们只能驾驶阿尔法1750型赛车参加比赛。而与之相比，阿尔法公司车队的坎帕里和瓦尔奇都已经拥有了P2赛车。

在一个炎热的夏日，瓦尔奇和诺沃拉里又在赛场上展开了新一轮的激烈争夺。结果，他们两个的高速驾驶导致赛车双双出现故障。在退出比赛之前，诺沃拉里两次在急弯处全速直行，从路边加油站的油泵和房屋之间穿过，令场边观众惊出了一身冷汗。后来经他的机械师测量，油泵和房屋之间的距离仅比P2赛车的宽度大出几厘米。这次法拉利车队的最好成绩是第四名，由车手波尔扎奇尼取得。

不过，恩佐·法拉利认定，只有诺沃拉里才是最好的赛车手。因为法拉利清楚地知道，即便驾驶的是一辆很差的赛车，诺沃拉里也不会因此而沮丧失意，更不会因此而放弃夺冠的努力，这一点大多数赛车手都做不到。诺沃拉里从来也不会在比赛开始前就承认失败，不管驾驶着什么赛车，也不管在什么位

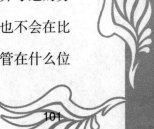

置发车，哪怕是第七位、第八位，他都会像头狮子般战斗到底。诺沃拉里以其独特的表现，成为法拉利心中衡量一个赛车手好坏的标杆。即使没有最好的条件和装备也应该充满斗志，法拉利正是以此来要求他的车手们的。恩佐·法拉利总结说："车迷们从诺沃拉里身上看到了这种永不服输的劲头，他是他们心中的英雄。"

作为车队的领袖，恩佐·法拉利从来没有停止发掘和寻找新的天才车手。1931年底，他向一个名叫皮耶罗·塔鲁费的摩托车手发出了邀请。塔鲁费当时刚满25岁，他的父亲是罗马一个很有名气的外科医生。

在塔鲁费很小的时候，他的父亲就带着他去观看摩托车比赛，从那时起，他就深深地迷上了赛车这项充满速度感和刺激感的极限运动。17岁那年，塔鲁费驾驶父亲的菲亚特旅行车赢得了罗马—维特伯拉力赛。第二年他又开车去里昂，第一次观看了国际汽车大奖赛，而这一场比赛恰好是恩佐·法拉利神秘退出的那场。塔鲁费的摩托车手生涯在1928年达到了顶点，那年，他击败了诺沃拉里和瓦尔奇，取得了罗马皇家大奖赛的冠军，成为当时意大利最好的摩托车手之一。

在那次比赛上，虽然诺沃拉里和瓦尔奇成为他的手下败将，不过，这两个人却给塔鲁费留下了非常深刻的印象。他们是两个外表对比极其鲜明的赛车手——瓦尔奇穿着漂亮的格子灯笼裤，棕色的山羊皮夹克；而诺沃拉里则任由浅蓝色内衣的下摆露在短袖衬衣外面，他的脖子上挂着一截多余的链条，活像一根缰绳，腰上则挂着一个皮制工具袋，里面装着各种装链条用的工具。

在开始参加汽车比赛之后，塔鲁费在齐亚诺杯赛上的优异表现吸引了法拉利的注意。接下来，在1931年的蒙扎摩托车大奖赛上，塔鲁费又给法拉利留下了深刻的印象。曾经致力于当一名工程师的塔鲁费自己动手将他的摩托车进行了改装——根据空气动力学原理他将油箱改为流线型，同时将脚蹬后移，以便以更低的姿势驾驶。在那次比赛中，他以每小时112英里的速度刷新了最快圈速。法拉利此前也很欣赏摩托车赛车手所拥有的技巧，他相信这种技巧的训练使他们对轮胎和地面摩擦的感觉非常灵敏，也让他们非常适应比赛中激烈的近距离追逐。在法拉利看来，这一切都为他们参加马力更强的汽车比赛打下了良好的基础。而塔鲁费无疑是他们之中的佼佼者，法拉利相信自己不会看错。

接到恩佐·法拉利的电话之后，兴奋的塔鲁费立刻动身赶到了摩德纳。令塔鲁费惊讶的是，身为名人的法拉利居然亲自热情地接待了他。尽管当时法拉利车队还处于发展的初期，但作为阿尔法·罗密欧公司赛车运动的负责人，恩佐·法拉利本人已经很有名气了。起初塔鲁费还十分紧张，但法拉利很快就

和创造世界名牌的人

一起放飞梦想

Let the dream fly

让他放松了下来，他简单而坦率地给塔鲁费布置了新工作——参加本周的两场比赛，一场常规比赛和一场山地竞速比赛。法拉利告诉塔鲁费："你是一个工程师，常规赛对你来说应该没问题，至于山地赛，尽力就行了。"然后，法拉利就让塔鲁费先去选一辆车，阿尔法1750型或者2.3型都可以。当然，也可以先试试车再决定。

塔鲁费根据自己的实际情况，去车库选择了2.3型。一个小时以后，塔鲁费再次回到恩佐·法拉利的办公室。法拉利告诫他："比赛的时候悠着点，我可不想看见你受伤。当然，我也不想看见车辆受损，毕竟赛车可是很昂贵的东西。"就这样，法拉利轻描淡写地给塔鲁费布置了工作，提出了要求，同时也表达了他固然渴望胜利，但是更关爱生命的想法。

法拉利派机械师福尔德利与这位年轻的车手配合参赛。由于赛前仔细研究了比赛规则，塔鲁费很顺利地赢得了这场耐力赛。而在另一场山地赛中，通过赛前多次练习熟悉赛道，他最终以领先第二名17秒的优势赢得了比赛。法拉利让他尽力而为的比赛，塔鲁费却取得了冠军这样的好成绩，这自然令法拉利喜出望外。

同样，这两次比赛的胜利也让塔鲁费满怀豪情壮志地宣布："我的赛车手生涯已经正式开始了。"事实正是如此，更重要的是，这个年轻的赛车手的加盟给法拉利车队带来了活力。

第三节　过关斩将取得辉煌战绩

> 我情愿靠自己的力气打开我的前程，而不求势力者垂青。

> ——雨果

1925年，当阿尔法·罗米欧汽车公司将主力从赛车商业领域撤出时，恩佐·法拉利被委托去为公司的重要客户———一对富有且沉迷于赛车运动的卡尼亚托兄弟提供服务。法拉利抓住了这个机会，向阿尔法公司提出一单交易：由法拉利自己的公司来负责提供这些服务，而阿尔法公司则要投资他的公司。通过这种方式，法拉利确保了自己的公司能够以最优惠的价格得到火花塞、润滑油以及各种配件。

从这个过程中可以看出，法拉利不仅是一名精明能干的商人，还是一位头脑灵活的企业领导人。31岁那年，法拉利从一名雇员一跃成为一名独立的企业家。尽管他仍然要依赖于自己的老东家，但是法拉利却拥有了一定的自主性，比如他可以根据自己的标准雇用职员，尤其是赛车手。从此，这位年轻的企

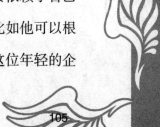

业家开始按照自己的喜好来研制和开发赛车，并选取了一匹在黄色背景上奔腾的黑色"跃马"作为自己公司的徽章。

早在他的企业第一年开始营运的时候，法拉利就已经与50名赛车手签下了合同，其中还包括古赛普·坎巴利、塔日奥·卢沃拉瑞等当时的巨星赛车手。在第一年，法拉利公司共计派出50人次参加了22场比赛，其中8次夺冠，其余也大都取得了不错的名次。可以说，通过全队上下的共同努力，在强手如林的赛车界，法拉利车队已经基本站稳了脚跟。

成功接踵而来，法拉利车队的赛季末庆功宴会在摩德纳的圣卡罗饭店举行，到场的60多位来宾中，包括车手、赞助商、机械师和其他一些相关人员，其中也包括巴齐和蓝波尼，但他们两个仍效力于阿尔法公司。在宴会上，法拉利满意地回顾了车队成立第一年取得的辉煌战绩。另外，法拉利还为车队总部选定了一个新址，这也意味着法拉利对下个赛季充满信心并寄予了极高的期望。

不过显然，此时的恩佐·法拉利还没有那么雄厚的资金实力，为了筹集购买新址所需的资金，他还要得到银行的帮助。这天，恩佐·法拉利和律师一起来到摩德纳的一家银行，要求申请总额为100万里拉（约折合9万英镑）的贷款。法拉利用了4个小时来陈述他的计划，银行经理低头静静地听着他的陈述，听完之后，他看着律师说："这个年轻人的想法很有吸引力，那么我们该怎么办呢？是不是应该贷给他100万呢？"最终，法拉利如愿得到了这笔贷款，并用它购买了一幢19世纪建造的两层楼房以及四周的院子。这次贷款的成功，让法拉利对那位银行经理充满了感激，也使得法拉利一生都忠实地与这家银行进行合作。

法拉利的办公室以及他和劳拉的小家设在新总部的二楼；一楼则是车队的车间，里面有各种工具、零件和机械设备，墙上则挂满了博世、壳牌和倍耐力等赞助商的宣传海报。正门旁边安装着一台壳牌公司提供的油泵，屋后则停放着两辆经过改装的厢式卡车，每辆卡车可以装载两辆赛车。卡车的车身上也非常醒目地印着车队赞助商的商标。

法拉利车队自成立之日起，就在恩佐·法拉利的率领下一路过关斩将。从1930年到1933年，法拉利车队在参加过的所有比赛中都取得了辉煌的战绩。在国际汽车大赛上，无论是在跑车耐力赛，还是在米勒·米格特大奖赛、塔加·弗洛里越野大奖赛等大赛上，法拉利和队友们几乎所向无敌。他们先后参加了39场大奖赛，获得了11场冠军，还有好几个亚军。一次接一次的胜利，使得法拉利车队的声望如日中天。

1952年，法拉利车队终于第一次成为F1历史上最快的车队。半个多世纪以来，除了法拉利车队，还没有其他任何一支车队能够在世界一级方程式赛车运动的赛场中取得如此巨大的

成功。在以后的岁月里，法拉利车队一直是世界赛车界最优秀的车队之一。从1950年的一级方程式世界锦标赛到今天，法拉利车队共获得15次年度世界冠军车队的荣誉，造就了14位年度车手世界冠军。这家以一匹跃马作为"徽章"的公司，已经将这项全球性顶级赛车运动中的所有奖项收入囊中。一个车队能取得如此辉煌的战绩，这在世界车坛上都是无与伦比的。而他们的老对手阿尔法·罗米欧，则早已退出了赛车运动硝烟弥漫的战场。

第四节　敢拼才会赢

> 无论做什么事情，只要肯努力奋斗，是没有不成功的。
>
> ——牛顿

实际上，赛车比赛是一项非常危险的运动，在比赛中稍有不慎就会发生事故，甚至会车毁人亡。恩佐·法拉利的妻子劳拉一直都非常担心丈夫出事，经常提醒他不能只顾自己，要想一想妻子，想一想家庭。法拉利总是对劳拉笑一笑，说："没关系，别担心，我有把握的。你看，只要握紧了方向盘，就不会出事故。"其实，法拉利心里知道，要想比别人跑得快，要想证明自己更强大，就必须付出代价，比如，付出更多的时间，花费更多的精力，甚至要牺牲自己的生命。

对于丈夫轻描淡写的回答，劳拉并不满意，为此她专门委托一位朋友劝说法拉利，让他退出赛车一线。朋友找到了法拉利，对他说："法拉利，你别再去参加赛车比赛啦！一旦出了问题，你的命就没了。"听了朋友的话，法拉利笑了笑说："没关系，要想取得哪怕一点成功，都是要有所付出的。"

妻子的担心与劝阻，并没有消减法拉利参加赛车比赛的热情。每当他和别的车手比赛的时候，就会想起爸爸和哥哥，想起小时候爸爸对自己说"法拉利，加油！"。法拉利仿佛看到他们在自己赛车前的天空中向他挥手呼唤，鼓舞他勇猛向前，第一个冲过终点。每当这时，法拉利的心里就会涌起一股拼命向前的夺冠冲动，他要求自己一定要跑在所有赛车手的前面，不能给爸爸和哥哥丢脸。

恩佐·法拉利没有辜负爸爸和哥哥的期望，他和车队的战友们一起赢得了多个冠军奖牌。法拉利在赛车场上一连串成功的夺魁，震动了整个意大利车坛和体育界，他也因此当上了闻名意大利的阿尔法·罗米欧汽车制造公司赛车队的队长，并于1929年成立了属于自己的法拉利车队。

和创造世界名牌的人

一起放飞梦想

随着优秀赛车手的加入，法拉利车队的规模不断扩大，不久，他们就已经完全有能力在一个周末同时派车手参加两到三场比赛。在一些小型赛事上，法拉利车队派出的那些业余赛车手也为车队取得了不错的成绩。而在利沃诺举行的齐亚诺杯赛中，法拉利车队派出了8名赛车手参赛，最终诺沃拉里不负众望，勇夺桂冠。

在齐亚诺杯赛一周之后的1931年8月9日，恩佐·法拉利参加了在博洛尼亚南部举行的一场山地计时赛，这是他最后一次以赛车手的身份参加比赛。当时他已经39岁，而就在一个月前，他的妻子劳拉宣布怀孕，也就是说，法拉利就要当爸爸了。

那场比赛中，法拉利和波尔扎齐尼都驾驶着8C蒙扎赛车参赛，而诺沃拉里则只能使用6缸1750赛车。

当天，诺沃拉里在开赛前4小时才到达赛场，而赛会规定，车手必须提前四个半小时就位。诺沃拉里对这个全长8英里的赛道一点都不熟悉，所以在比赛开始前，他在法拉利的陪伴下，抓紧时间进行了一圈热身。赛车由诺沃拉里驾驶，直到这时，法拉利才真正看到了诺沃拉里是如何开车的。

法拉利对诺沃拉里的驾驶技术是这样评价的："当进入第一个弯道，我便断定会翻车，因为他的进弯方法根本不对。但等我回过神来，让我吃惊的是车头已经直指大路，赛车已经

110

安全地过了弯道。我看着诺沃拉里，他那满是皱纹的脸上毫无表情，一点都没有刚刚顺利转过180度陡弯之后的轻松。接下来第二个、第三个弯情形都是一样。等到了第四个和第五个弯道，我才渐渐看明白他究竟是如何做到的了。我用眼角余光发现，他的脚从来都没有松开过油门，而是一直把它踩到底。因此，诺沃拉里开车转弯时的速度要比我认为的正常速度快得多。经过一次次的进弯，我终于发现了他的秘密，他进弯的方式和平常车手有着很大不同，开始转弯时突然把车头拧向内道，在保持全速的情况下进行四轮刹车，然后利用离心力和赛车后轮的驱动让车辆在不飞出赛道的情况下甩尾转向，这样一来等弯道过完之后，车头正好指向赛道前方。在此过程中赛车不需要沿着弯道的圆形轨迹运行，车手也不必松开油门制动。"正是从诺沃拉里这里，法拉利第一次发现竟然还有这样的漂移过弯方法。不过遗憾的是，即便了解了这项技术，对于法拉利来说，自己的赛车生涯即将结束，再好的技术也起不到什么作用了。

　　尽管像6缸1750这种赛车的老式悬挂和高压轮胎是帮助诺沃拉里成功完成这种高难度技术的因素之一，但最关键的因素还在于，赛车手自己有在任何情况下都不想松开油门的愿望。法拉利评价诺沃拉里时说："能够将如此灵敏的驾驶感觉和如此超人的勇气完美结合在一起的车手，除了诺沃拉里之外恐怕

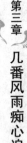

再也找不出第二个了。"几个小时之后，法拉利就趁机将刚刚学到的技术运用到了比赛之中。然而在随后的比赛中，尽管法拉利发挥出色，最终还是败给了这位不可思议的天才赛车手。

比赛开始后，法拉利和波尔扎齐尼满怀信心地驾驶着他们先进的8C蒙扎赛车出发了。诺沃拉里驾驶着较小的阿尔法1750赛车，脸上略带几分揶揄的表情，从起跑线的最边上发车开始了比赛。刚过了第一个弯道，诺沃拉里就把油门踩到了底。不一会儿，赛车来到一个隧道。由于对赛道不熟悉，诺沃拉里不知道隧道过后就是一个铁道交叉线，铁轨和路面交叉的地方起伏不平，因此，他依然驾车全速冲了过去。经过铁道线时，猛烈的颠簸震断了车内的扶手，紧握扶手的机械师孔帕尼奥尼被甩出座舱，落在了座位后面。诺沃拉里急忙用一只手握住方向盘以控制好赛车，另一只手则牢牢地抓住孔帕尼奥尼的腿，防止他掉下车去。等到停稳赛车，两人赶紧下来检查车辆受损情况，发现油门踏板传动装置断裂。孔帕尼奥尼急中生智，解下自己的皮带绑住断裂部位，并将皮带头穿过发动机罩绑在了自己的座位下面。在之后的赛程中，他就一直通过踩住座位下面的皮带控制赛车油门，而诺沃拉里则只负责方向和刹车。就是在这样艰苦的情况下，他们竟然不可思议地赢得了比赛。

当时，他们的竞争对手之一波尔扎齐尼在行驶了三英里

和创造世界名牌的人

疯狂的法拉利

一起放飞梦想

Let the dream fly

112

之后因故退出，不过恩佐·法拉利仍然跑在他们前面。疲惫的机械师在呼啸的风声里对诺沃拉里说："你不可能追上他，他们的2300型赛车比你的1750快多了。"诺沃拉里听了，对他吼道："你看着吧，我们下山的速度会比他快。"随后的情况，赛后当地报纸的评论是这样写的："我们看到诺沃拉里的赛车像雄鹰一般冲了下来，那情景令人终生难忘。"停车加油时，诺沃拉里的车迷告诉他与法拉利之间还有40秒、大约22英里的差距。于是当他们再上路的时候，诺沃拉里命令机械师："把油门踩到底，一秒钟都不要松开。"

最终，当诺沃拉里飞一般冲过终点时，人们甚至已经准备好提前为法拉利的胜利而欢呼了。天才的诺沃拉里不仅追回了40秒的差距，甚至还领先了法拉利32秒。赛后，他平淡地对机械师孔帕尼奥尼说："我从来没有像今天这么努力过。"而好半天才从激烈的比赛中回过神儿来的孔帕尼奥尼则说："我从来没有像今天这么害怕过。"

在赛车运动史上，不知有多少场比赛后来都凝固成了经典，一直被后人津津乐道，其中就包括1935年国际汽车大奖赛的决赛。在这场比赛中，法拉利车队和德国车队上演了一场巅峰对决，诺沃拉里以一己之力力克对手，勇夺冠军，创造了赛车史上的奇迹。

在这场比赛中，德国车队的银箭赛车一枝独秀，几乎包

揽了所有分站赛的冠军。当比赛移师德国波恩的纽伯格林赛道时，大家似乎对冠军的归属已经不存任何疑问了，一致认为非德国车队莫属。

7月28日那天，25万多名观众涌进赛场，等待着观看这场精彩的比赛。赛道两旁聚集了大批德国队的粉丝，他们都在等待着为德国队的胜利而欢呼。几乎在场的每个人都认为，拥有5辆梅赛德斯赛车和4辆汽车联盟赛车的德国车队会轻而易举地把胜利揽在怀中。

纽伯格林赛道拥有174个弯道，就像一个缩小版的千里杯赛道一样。在这样的赛道上，比的不仅仅是赛车质量的高低，更多的则是车手技术的高低和即兴发挥的能力，甚至这种能力远远超过了赛车性能所发挥的功能。在练习赛中，诺沃拉里就以追平汽车联盟新科状元罗斯梅尔的成绩让德国人吃了一惊，不过当时大家都还没有意识到，意外和奇迹会在这个赛车手身上诞生。

比赛当天，从早上就开始下雨，正面看台前方的旗杆上升起了纳粹的党旗，纳粹标志还涂在每一辆参赛的德国赛车的发动机罩上。诺沃拉里那天没有像往常一样戴他的蓝色亚麻软帽，而是换成了一顶红色的皮质头盔，脖子上缠着一条象征意大利国旗的红、白、绿三色丝巾，邓南遮送给他的乌龟则被他绣在了黄色衬衫的胸口位置。

比赛开始之前，统一穿着白色外衣的德国车手列队进入了赛场，此时，法拉利车队的工作人员正在做着最后的准备。这时，孔帕尼奥尼凑过来对诺沃拉里说："希望你能够突出重围，平安归来。"诺沃拉里笑了笑说："我觉得天就要晴了。"

为了避免被银色赛车围在中间，诺沃拉里在发车前10秒钟就已经踩下了离合。当令旗摆下时，卡拉乔拉和法乔利率先冲了出去，诺沃拉里则紧随其后。半圈之后诺沃拉里超过了法乔利，比领先的卡拉乔拉落后12秒。不过很快，罗斯梅尔从诺沃拉里身边超了过去，接着是冯·勃劳希契和法乔利。此时，诺沃拉里并不着急，他的驾驶感觉很好，他相信自己一定能胜过这些对手。

不过，法拉利车队的其他赛车手都不大顺利，布里维奥和奇伦先后因为赛车故障退出了比赛。由此很多人认为，在这种高难度的赛道上进行如此激烈的比赛，开着如此老旧的阿尔法赛车的诺沃拉里因故障退出比赛只是时间早晚的问题。但是，就在这场分别以卡拉乔拉和罗斯梅尔为代表的两支德国车队的夺冠赛中，诺沃拉里悄无声息地发起了反击。

诺沃拉里渐渐地接近德国赛车，并在第10圈突然加速超了过去，不过他的领先优势并没有保持很长时间。在赛车进站加油换轮胎时，卡拉乔拉总共耽误了67秒钟，而冯·勃劳希契

和创造世界名牌的人

一起放飞梦想

Let the dream fly

的机械师则仅用了47秒。在法拉利车队的维修站，机械师正准备为诺沃拉里的赛车加油并更换一套防滑耐磨性能比较好的英格尔伯特轮胎，但让乌戈利尼着急的是，加油用的油泵突然坏了，机械师们只有通过漏斗往油箱里倒油。这样一来，诺沃拉里在维修站里足足耽误了2分40秒。宝贵的时间就这样被耽搁掉了。

诺沃拉里加完油驶出维修站的时候，已经掉到第六名的位置上了。但诺沃拉里并没有因此丧失必胜的信心，而是依旧保持着昂扬的斗志，他开始疯狂地追赶，并在加油后的头一圈里面就超越了4辆赛车。此刻的诺沃拉里，仿佛已经和赛车融为了一体，在赛道上飞快地奔驰着，就像一把离弦的利箭，这让赛场外的观众深感震惊。

路面上的每一次颠簸震动，赛车上每一个零件的运转，引擎和轮胎的声音，路旁护栏树木等的视觉变化，所有这些信息都通过座椅、双手、耳朵和眼睛传达到了诺沃拉里的大脑神经中枢，他指挥着赛车在高速运转的同时灵活应对各种路况。通过不懈努力，诺沃拉里终于追到了第二的位置，目睹了这一切的现场观众开始轻声议论到底谁会是冠军，而奇迹会不会发生？

领先的冯·勃劳希契每次经过梅赛德斯车队的维修站时，经理纽鲍尔都会紧张地看着他的赛车轮胎，看看会不会出问题。就在比赛只剩下两圈时，纽鲍尔一直担心的事情发生了，冯·勃劳希契的赛车轮胎下面白色的刹车带已经磨穿了。在高强度的比赛中，轮胎的磨损往往比预期的要快，而一套轮胎能够坚持多长时间都是不固定的。因此，技术人员和机械师都在时刻准备着，随时为赛车更换轮胎。但是，为了不让换胎耽搁时间，这次纽鲍尔没有通知冯·勃劳希契进站换胎，他向机械师叫道："他能坚持，他的轮胎也能坚持，比赛再有几分钟就结束了。"

当他们经过维修站进入最后一圈比赛时，梅赛德斯赛车还领先阿尔法赛车35秒。贵族出身的冯·勃劳希契非常憎恨那些机械师出身的赛车手，他在纽鲍尔各种信号的帮助下尽量阻止诺沃拉里的逼近。但相对于14英里长的赛道而言，35秒的领先称不上是具有绝对的压倒性优势，至少对于一位正在全速追赶的天才车手来说并非难以超越。

当比赛还剩下最后半圈时，冯·勃劳希契已经可以从后视镜里看到诺沃拉里的红色赛车了。于是，他把梅赛德斯赛车的直列8缸增压发动机开到最大功率，依靠赛车性能上的巨大优势再次拉开了与诺沃拉里之间的距离。然而，因心怀侥幸而没有进行及时更换的车胎终究没有能够坚持住，在距离终点仅剩6英里的一个左转弯处，梅塞德斯赛车的左前轮因过度磨损而发生了爆胎，德国人无奈地退出了比赛，眼睁睁看着诺沃拉里

从身边飞驰而过。

这时，在法拉利车队的维修站里，人们的情绪在欢呼中瞬间被点燃，人群沸腾了。在中央看台，观众们也被这突如其来的变故惊呆了，片刻之后，大家才开始为诺沃拉里惊人的表现热烈鼓掌。德国体育部长胡恩莱因则无奈地把口袋里事先准备好的夺冠演讲稿使劲揉成了纸团，开始临时准备礼节性的祝贺词。

几分钟后，意大利国旗在领奖台上缓缓升起。由于事先没预料到意大利车手夺冠，大赛组委会甚至根本就没有准备意大利国歌。幸好，孔帕尼奥尼想起诺沃拉里的一张唱盘里面好像有国歌，他急忙从行李箱中翻出那张唱盘，这样意大利国歌才在赛道上空回响起来，为天才赛车手诺沃拉里的胜利而奏响。

塔齐奥·诺沃拉里在纽伯格林赛道举行的德国大奖赛上创造了赛车史上的一个伟大奇迹。几十年后，法拉利回忆起那场比赛时说道："就我所知，历史上只有这一位真正伟大的车手。以前人们都说人与车的结合应该是各占50%的重要性，但这个说法被诺沃拉里推翻了，在他与赛车之间人的因素占了至少75%。"

这场巅峰对决，诺沃拉里以高超的技术和顽强的拼搏意志，创造了不可战胜的神话，在赛车史上写下了精彩的一页。

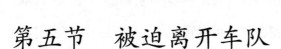

第五节　被迫离开车队

> 卓越的人一大优点是：在不利与艰难的
> 遭遇里百折不挠。
>
> ——贝多芬

　　创业之路从来都不是一帆风顺的，但是，只要坚持到底，绝不放弃，就一定会有所成就。恩佐·法拉利用他自己的行动，给法拉利车队注入了勇往直前、坚持到底的比赛精神。他告诉车手们，无论在什么时候，无论在多么不利的情况下，哪怕只有一线生机，也千万不要放弃，要坚持到最后一分钟，拼搏到最后一分钟。

　　法拉利经常给赛车手们讲自己小时候的故事，讲每当他要去和小伙伴们比赛谁跑得快时，爸爸都会双手握拳，冲着自己喊一声："加油，法拉利！"赛车手们深受鼓舞，而"加油，法拉利！"则成了法拉利车队的精神力量，鼓舞着赛车手们在比赛中勇往直前，去夺取最后的胜利。

　　不过，正所谓"木秀于林，风必摧之"，由于法拉利车

第三章　几番风雨痴心追梦不悔

队屡屡在比赛中获胜，自然引起一些人的不满，某些大赛的主办者为了平衡各方关系，鼓励其他车队的参赛热情，有时候就会对比赛的规则做出一些带有某种倾向的改动，目的是让别的赛车队也有希望取得胜利。可尽管如此，最后往往还是法拉利车队夺得冠军。对此，获得胜利的法拉利车队的赛车手们说："我们不认为规则的变化能够阻止我们获得胜利，那些实力强的人总会获胜的。"

随着法拉利车队的名气越来越大，恩佐·法拉利的声望也越来越高，一些心胸狭窄的人难免妒忌他的成功，其中也包括所谓的"自己人"。阿尔法·罗米欧汽车制造公司的总工程师韦佛多·阿察特就对法拉利"妒火中烧"，他甚至在一些公开场合嘲讽法拉利，说他爱出风头，总是把自己看得比别人高一等。听到这些嘲讽的话后，血气方刚的法拉利选择了以牙还牙、反唇相讥的方式，法拉利也对别人说："你看看那个总工程师，他的衣着不伦不类；你要是和他握手，你会感到他的手掌如僵尸般冰冷。"

阿尔法·罗米欧公司的老板对法拉利也不再像过去那样欣赏，甚至还对法拉利的某些做法十分有意见。他认为法拉利总是不顾公司的利益，把赛车摆在一切工作之上。有一天，老板觉得自己再也无法容忍了，就逼着法拉利交出他对车队的领导权，法拉利据理力争，甚至和老板顶撞了起来，最后两个人不欢而散。

公司内部出现的这些矛盾，让恩佐·法拉利心中十分不快。一天晚上，法拉利独自一人在街道上散步，在他的眼里，连街灯都显得那么昏暗。心情郁闷的法拉利一边走，一边想："为什么一个有所追求的人不仅得不到理解，有时还要受到嘲笑，遭到排挤呢？"他想起小时候老师在课堂上说的话："要坚持真理，就不要害怕别人的嘲笑。"法拉利认为，一定是因为有些人害怕历史的进步会把自己淘汰掉，为保住自己原有的利益，才会竭力扼杀那些新事物的。而新事物要想获得承认，就必须渡过一个艰难的时期，也许不被别人理解，也许遭到嘲笑，也许受到阻挠，但这些都是必须经历的过程。对于自己来说，为了追求赛车"最快"的目标，就要和那些想阻碍自己的人进行斗争。

想明白之后，恩佐·法拉利的心情豁然开朗起来。他坚信，不管别人怎样嫉妒，不管别人怎样中伤，自己都要勇往直前。换一个角度来看，能被嫉妒也是有能力的一种表现，更是一种促使自我前进的动力。恩佐·法拉利暗暗地给自己鼓劲儿：加油，法拉利！

法拉利平静下来了，但老板和个别同事却越来越不喜欢爱创造奇迹的法拉利，这种越来越不友好的工作环境，也让法拉利感到举步维艰。

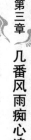

和创造世界名牌的人

一起放飞梦想

Let the dream fly

终于在1933年，迫于压力的恩佐·法拉利不得不离开了自己心爱的车队和那些队友们，转入阿尔法·罗米欧公司的技术部门工作。他离开仅仅一年的时间，车队就发生了巨大的变化，那些曾经叱咤风云的世界一流赛车手在比赛中一次次地败给拥有强大动力的德国赛车，赛车手们的失败，同样让法拉利饱受痛苦的煎熬。不过，他现在已经无法给予赛车手们最直接的指导、最贴心的安慰。他所能做的，就是为赛车手们设计、制造出全新的赛车，为他们更好地发挥出自己的才能和水平提供技术上和装备上的支持。而且，也正是在技术部门工作的这段日子，为法拉利后来从事赛车设计研发奠定了坚实的基础。

在技术部门，恩佐·法拉利和巴齐以及一些新来的技术人员在一间很小的设计办公室里工作，他们为提升赛车的技术性能而日夜忙碌着。这些人中有从阿尔法公司借调来的安吉洛·纳西；有前菲亚特公司的技师阿尔伯托·马西米诺，他曾经为诺沃拉里改装过他的旧式布加迪赛车；还有费德里克·吉伯蒂，他是法拉利的老朋友、车身制造商奥尔兰蒂的侄子。这些人都是车队的新鲜血液，他们以全新的思路，开始共同设计全新的赛车。

虽然有时间限制，但他们并不需要特别赶进度。不过大家还是经常利用周末加班，先是设计，然后是制造。对于这样的工作和生活，吉伯蒂说："如果法拉利给我们规定了时间，那我们就要尽力按时完成。我们的效率很高，最主要的是因为我们都是适合这项工作的人，我们知道该用什么样的方法解决问题。"而恩佐·法拉利总是给予设计师们绝对的自由来推行他们的主张，并且非常用心地听取他们的建议，不过，最终定夺的权力始终掌握在法拉利自己的手中。从这一点来看，此时的法拉利已经表现出了一位领导者的强势和权威。

在法拉利车队的设计人员们努力工作的同时，新赛季由千里杯赛开始拉开了序幕。在赛季首场比赛中，平塔库达获得了他的第二次胜利，法拉利车队也实现了五连胜。不过在国际单座赛车的赛事上，车队成绩就不那么令人兴奋了。德国人在750公斤限制级别的比赛中投入了大量资金。梅塞德斯开发了配备5.6升发动机的W125型赛车，汽车联盟也为罗斯梅尔制造了装载V16发动机的赛车。不过，这些都不足以让恩佐·法拉利担心，真正令他感到头疼的是，这两支车队都在不停地向诺沃拉里发出邀请。他们劝说这位世界级车手加盟的理由很简单，那就是：效力于一支缺乏竞争力的车队纯粹是在浪费时间。

在新赛季的第一场大奖赛上，梅塞德斯车队的赫尔曼·朗赢得了冠军，而法拉利车队派出的6辆12C赛车几乎没有给观众留下什么印象。接下来，法拉利车队放弃了以高速直道著称的柏林阿瓦斯道，结果那场比赛成了德国人之间的内部

和创造世界名牌的人

一起放飞梦想

Let the dream fly

争夺。即使到了弯道众多的纽伯格林赛道，阿尔法赛车同样被压得抬不起头来。而依靠德国赛车先进的技术性能，罗斯梅尔在这里创造的单圈最快成绩——比前一年快了15秒。

这一年，法拉利车队的第二次纽约之行同样也没有给他们带来什么好消息。在此之前，梅塞德斯和汽车联盟的管理层已经注意到，意大利车队1936年的美洲之行给他们带来了知名度和商业利益上的双重巨大收获，所以这一次，他们也都派出了由两辆赛车组成的车队，领军人物分别是卡拉乔拉和罗斯梅尔。而在法拉利车队方面，领军人物诺沃拉里根本就不愿意参加此次美洲之行，因为他18岁的大儿子得了心包炎，正奄奄一息地躺在家里。法拉利试图说服诺沃拉里参加这次比赛，当时法拉利说："你的孩子肯定能坚持到你回来，他会慢慢好起来的。毕竟是你的儿子，他的体质会和你一样好的。"不过，最终令诺沃拉里改变主意的还是他儿子说的话："缺了你，车队可怎么办啊！"

在雷克斯号轮船上，车队其他成员看到诺沃拉里心情不好，都尽量想办法分散他的注意力。一天晚上，当诺沃拉里正在甲板上吃饭时，侍者匆匆赶过来让他去接一个电话。电话里，孔帕尼奥尼用悲痛的语气告诉他，他的儿子去世了。诺沃拉里悲痛欲绝。

不过，作为一名职业赛车手，诺沃拉里还是强忍悲痛参加了比赛，但由于他驾驶的12C赛车发生了故障，他不得不换用法里纳的8C赛车继续比赛，最终仅获得第五名。梅赛德斯车队的罗斯梅尔如愿夺得了冠军。

回到欧洲，车队的耻辱记录还在延续。阿尔法公司交付给诺沃拉里10万里拉来让他测试一辆新的低底盘12C赛车。公司管理层本来希望用这辆赛车代表公司而不是由法拉利车队出赛，但测试结果令人非常失望，它甚至根本没有在接下来的瑞士大奖赛上亮相。法拉利车队派出了法里纳和索默驾驶12C赛车参加这次比赛。诺沃拉里虽然也参加了这场比赛，不过他代表的是汽车联盟，由于对赛车不适应，他仅获得了第七名。

而在法拉利车队，竟然在比赛中发生了赛车变速杆断裂的闹剧，这对于意志消沉沮丧的法拉利车队来说无疑是雪上加霜。法拉利车队内部军心动摇，士气面临崩溃，到处是关于人事变动的传言。

不久，公司以设计的赛车一直都无法与德国车队的赛车相抗衡为由，突然宣布解雇亚诺；紧接着，诺沃拉里称他已经没有耐心再等待下去了，随即离开车队并很快成为汽车联盟的签约车手。

这一切变故，都给法拉利车队带来了致命的打击，也让恩佐·法拉利痛惜得喘不过气来，毕竟，这所有的一切，都是他和队员们经过艰苦的努力才换来的。车队陷入了成立以来的

最低谷，不过，即使在这个时候，法拉利也并没有泄气，那句
"加油，法拉利！"时刻在他耳边响起。奋起直追，才是法拉
利真正的品质。

第六节　在挫折中奋起

> 无论何时，不管怎样，我也绝不允许自
> 己有一点点灰心丧气。
>
> ——爱迪生

　　曾经有一位哲人说过："当你身处人生低谷的时候，就像
到了一个锅底，无论朝哪一面，方向都是向上的。"此时的恩
佐·法拉利就处于这样的一种境遇当中，只有在挫折中奋起，
才是他当时唯一的选择。

　　1938年1月1日，法拉利车队在成立之后的第8个年头走向
了尽头，结束了辉煌的历史。阿尔法·罗密欧公司主席戈巴托
宣布公司重新收回对赛车分部的直接控制权。公司买下了法拉
利车队，并把车队总部转移到了米兰。所有的旧赛车、零配
件、机械工具和整个158型赛车计划都要从摩德纳搬走。从前

车队的车库和车间很快变成了阿尔法·罗密欧公司的陈列室和服务中心。

维托里奥·亚诺去了蓝旗亚公司，而恩佐·法拉利本人最终不得不选择加入阿尔法·罗密欧公司，继续掌管该公司的赛车车队，但这已经不再是恩佐·法拉利自己的车队了，车队的名称已由法拉利车队改成了阿尔法车队。虽然作为新车队的总监，法拉利拿到了一份相当可观的工资，但是，他却常常觉得自己是在浪费生命，因此深感失落。当时，在阿尔法·罗密欧公司的赛车部门，部门负责人和周围的同事谁都没有明确的奋斗目标，他们每天只满足于完成公司交代的工作任务，一点儿也不想多干，更没有丝毫的创新精神。但恩佐·法拉利不想这样，他不想每天只为挣一份薪水而庸庸碌碌地活着，不想让大好时光像流水一样从指缝中溜走。他的心里始终埋藏着一个愿望，那就是设计制造出属于自己的赛车。

在阿尔法·罗密欧公司的日子让法拉利大感失落，他觉得生活变得越来越单调，越来越无趣。再也不能这样下去了，必须赶快去实现自己的梦想！当有一天法拉利意识到这一点的时候，他决定离开阿尔法·罗密欧公司，去创办一家汽车制造厂，开创属于自己的一番事业。

当然，促使法拉利于1939年9月6日离开阿尔法·罗密欧公司的，还有另外一些原因。

1938年，阿尔法·罗米欧公司宣布将再次进入赛车运动。而此前，法拉利一直以外包伙伴的身份掌管着这家企业集团在赛车运动方面的所有活动，这样一来，不仅他的财产要被剥夺了，而且意味着他必须把这些赛车以及对于下一代赛车的研发和生产方案割让给阿尔法集团。法拉利想要独立经营一家企业的梦想破灭了。

恩佐·法拉利虽然早已萌生去意，但他一直有些犹豫。正在这时，他想要离开的消息不知怎么传到了公司高层的耳朵里。于是阿尔法·罗密欧公司决定先下手为强，于1939年11月向法院起诉，要求禁止法拉利使用他所掌握的阿尔法·罗密欧公司的汽车制造技术资料。虽然法拉利据理力争，但是最后，法院依然做出了不利于法拉利的裁定。年近40岁的法拉利不得不在协议上签字。协议规定：在今后的4年中，在赛车或其他与汽车有关的事业中，法拉利不得使用"法拉利"品牌。

正是这项协议的签署，令恩佐·法拉利最终下定决心离开阿尔法·罗密欧公司，也暂时离开了他心爱的赛车和跑道。

法拉利回到了自己久别的家乡摩德纳，在那里，他仍然早出晚归，从事汽车修理和设计方面的工作。他立志等协议规定的时间过去之后，就去创办自己的工厂并用自己的赛车打败阿尔法·罗密欧。在此之前，他积极地储蓄资金，物色汽车制造方面的人才。

经过多年的努力，法拉利终于在家乡摩德纳创办起了属于自己的法拉利车厂。后来，他又将这家规模不大的工厂从家乡迁到了马拉利诺。不久，一个世界车坛上的巨人在这里崛起。

第二次世界大战期间，法拉利的工厂被炸毁。在他和同事们的共同努力下，工厂得以重建。到二战即将结束时，法拉利汽车制造厂已经有了200多位技术工人，他们都是热爱赛车事业的汽车制造高手。

法拉利拥有20年从事赛车手、车队经理和汽车设计的工作经验，他相信，赛车运动的开展必将会推动轿车的销售。

Ferrari

第四章 "赛车之父"
缔造人生传奇

Ferrari

第一节　放手，让年轻人去闯

人能尽其才则百事兴。

——孙中山

恩佐·法拉利每天都起得很早，他几乎总是第一个到达工厂。自从建厂以来，他几乎把自己的全部热情都投注到工作中，不断研发出一款又一款耀眼夺目的法拉利汽车。

多年以前，在恩佐·法拉利的心中就有一个梦想，那就是要设计制造出一款超级跑车。这个梦想支撑着他的全部工作和生活。根据自己的赛车经验，再加上对美的感悟和追求，法拉利最终设计制造出了被赛车手和赛车迷称誉为"红衣少女"的"法拉利超级跑车"，实现了自己多年的追求。

从此，恩佐·法拉利的事业与惊心动魄的汽车大赛就更加密不可分了。不过，法拉利汽车并非生来就享有盛名，它能在世界上受到那么多消费者以及车手的欢迎，是经历了一次次失败的严酷考验后最终才以优异的品质赢得全世界的青睐的。恩佐·法拉利设计的F1型赛车最初参加世界汽车大赛时曾发生过

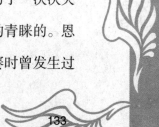

惨不忍睹的事故，并且殃及了很多观众。当时梵蒂冈的报纸言词激烈地指责他是一个"现代恶魔"。后来，当法拉利赛车一次次取得胜利的时候，车迷们几乎完全忘掉了过去不愉快的一切，狂热地称法拉利为"魔术师"。他设计的F1型赛车，在世界性大赛上共获得100多次胜利，至今尚没有哪一种赛车能够打破这项纪录。

1946年，法拉利开始第三次创业，他仍然采用腾飞的骏马作为自己企业的标志。

参加摩纳哥大奖赛的第一辆法拉利赛车是Tipo125，它是由与法拉利长期共事的乔克诺·克罗布研制开发的。这款车的动力源自一个60度旋转的12缸发动机，是同类型发动机中的第一款，并获得了国际性的认可。但是，如果想要战胜阿尔法车队，他们仍然需要等待一些时日。因为在赛车的发动机功率上，阿尔法的Alfetta能够达到335匹马力，而法拉利的Tipo125仅仅能够达到300匹马力，阿尔法在技术上的优势，使法拉利最终决定走出对他自己来说也很不寻常的一步。

这一步就是放手，让年轻人去闯。恩佐·法拉利把车队在技术上的领导权交给了当时年仅32岁的工程师奥雷利·兰普雷迪，由他负责帮助法拉利将当前的发动机功率提升到315匹马力，而法拉利为自己设定的长期任务则是为一款名为Tipo375的新型赛车，研制开发出一种更为强大的12缸发动机，它的功率将达到330匹马力。

　　直到1951年，恩佐·法拉利才最终实施了他盼望已久的"复仇"行动。这一年的7月14日，法拉利率领的车队在英国的银石赛道上一举获胜，使得阿尔法车队不得不俯首称臣。在这场比赛当中，有"拉潘帕公牛"之称的约瑟·弗罗兰·冈萨雷，驾驶着法拉利375赛车超越了曾经被视为不可战胜的Alfetta159，最终赢得了比赛。

第二节　会呼吸的艺术品

我制造的跑车，是会呼吸的艺术品。

——恩佐·法拉利

　　杰出人物从来都是有思想、爱创新的，恩佐·法拉利就是这样一位凡事有自己的主张、不拘泥于传统的企业家。他提出的汽车设计思想，后来都成了赛车设计者坚守的设计理念，引领了赛车的未来发展。

　　"制造赛车，就要更新颖、更快速、更豪华，就是要制造让吞了豹子胆的勇士们热血沸腾的车"，一开始，法拉利就提

出了这样的赛车设计思想。后来，为了给赛车爱好者提供随时随地的赛车享受，恩佐·法拉利又提出"上街是跑车，下场是赛车"的设计思路。因此，法拉利工厂生产出来的赛车都是可以在马路和赛道上飞奔的双料赛车。法拉利告诉工人们："我们制造出来的赛车，就要在各种汽车大奖赛上所向披靡。无论何时何地，红色的法拉利超级跑车都要保持动人心魄、撩人情怀的青春活力。"

赛车迷们之所以特别钟爱法拉利赛车，是因为每一款法拉利赛车的工艺都精湛无比，赛车的大部分零件都是采用手工制造的，手工技艺贯穿于各个制造环节中，以至于一辆法拉利汽车从汽车框架连接到整车的完工需要23个工作日。在马拉利诺的制造厂，很多微小的引擎部件，都是工人们用钢勺舀着钢水，细心地倒进模具里制造出来的。法拉利车体内部也都采用高级真皮装饰。在公司的装配车间，随时都可以听到工人使用手锤和扁铲修整车身的声音，车体框架的连接也是由技术熟练的工人手工焊接的，焊点非常光滑。在装配车门时，工人们拿着钢尺，不断地测量准确的连接部位。恩佐·法拉利经常泡在自己的汽车制造厂里，和工人们一起边干活边交流汽车工艺，力争把每一辆汽车都打造成"技术和艺术均衡"的艺术品，正是因为有这样的理念，有这样精雕细琢的制作过程，每一辆法拉利汽车才称得上是一件精妙绝伦的艺术品。

恩佐·法拉利给自己的汽车产品确立了"坚持品质，限量生产"的高品质要求，坚持每天只生产17辆法拉利新车，目的是不破坏法拉利汽车制造的工艺要求。恩佐·法拉利定下的日产规矩，后来也一直被继任者所坚守，即便供不应求，也绝不增产。所以，法拉利汽车的产量很低，年总产量只有4000辆左右。

恩佐·法拉利非常珍惜赛车，这种珍惜从来没有减少一分，更不用说改变。一天，从美国发来了一封采购法拉利汽车的订购信，不过美国商人提出了一个条件，即法拉利厂制造的出口车必须经过撞击测验。他们还提出要派技术专家前来检查撞击报告，确定它的质量后才决定是否购买。

销售部的人员就美国采购人员提出的这一要求请示法拉利，法拉利十分不满地说："用艺术品来撞击，真野蛮！"

"可那是一个数量不小的订单啊，要是放弃了多可惜呀！"销售部的人员还想争取一下。

"我制造的跑车，是会呼吸的艺术品。"法拉利回答说。他毫不犹豫地放弃了这笔订单，因为法拉利不忍心看到精美的汽车被撞击、被糟蹋，这可是自己和技术专家们不知熬了多少个日日夜夜才设计出来的，是技术工人们不知花了多少心思才用灵巧的双手制造出来的艺术珍品啊！

工人们得知这件事之后，都赞成法拉利的决定。他们自豪

地认为，法拉利汽车是各项传统工艺的结晶，也是他们炉火纯青技艺的杰作。正因为法拉利汽车的优异品质，才让他们不断学习，不断进步，发展成为精英人才。

正是因为坚持自己的汽车制造理念，所以，名贵的法拉利跑车销往美国的时间，都要比销往欧洲其他国家稍晚一些。

第三节　缔造法拉利赛车王国

他是成就了伟大事业的伟人。

——伊莱克斯顿

恩佐·法拉利所追求和制造的"超级跑车"，唯一的设计目标就是速度。他曾对设计师们说："一部好的超级跑车发动机，就应该是在冲过终点后一米之内熄火转不动的。"为了这个目标，他不断地探索、试验，要把跑车做到极致。

在经过不断努力之后，恩佐·法拉利终于如愿以偿。他给自己制造的赛车装备了一个"启动控制"的特殊按钮，这个按钮能让赛车启动时找到转速和车轮空转之间准确的结点，在4.3秒内完成从启动到96公里的时速，在12.53秒内跑完400米，冲刺时最高时速可达182.62公里。在180米绕桩测试中，法拉利赛车最后穿过路桩的时速为116.32公里，这样的速度在当时已有的历史记录中是前所未有的。

后来，法拉利设计制造的系列赛车几乎称霸当时所有的赛道，只要它那造型别致的车头一对准起跑线，参赛的对手就只剩下头痛和泄气的份儿了。因为他们知道，无论自己怎样努力都无法胜过它。法拉利赛车一路呼啸，把恩佐·法拉利的赛车梦拉入了现实。

法拉利车队驾驶着法拉利赛车创造了一个又一个奇迹，有人统计过，法拉利汽车制造工厂生产的赛车曾在世界各地的5000多项赛事中获胜，囊括25项世界冠军。恩佐·法拉利麾下的赛车手在欧洲的主要汽车赛上屡屡夺冠。

法拉利赛车受到了越来越多赛车迷们的欢迎，成了人人倾慕的名车。在工厂成立初期，法拉利赛车都是为了比赛而特制的；后来，随着赛车运动的发展，过去仅供巡回赛的法拉利跑车开始受到普通消费者的喜爱。于是，法拉利汽车制造工厂收到了雪片般的订单。

1947年是法拉利的幸运年。这一年，他正好49岁，第一辆以"跃马"为车徽的法拉利汽车125S诞生了，他自豪地以自己的名字给这辆新车命名。在以后的三年里，法拉利又相继生产了多种车型的赛车。但是，法拉利没有满足于所取得的成绩，

而是和工程师、技术工人们一起不断地努力、不断地创新。

为了实现自己更远大的目标，恩佐·法拉利邀请了当时最优秀的发动机专家科伦仑布来公司担任首席工程师。在恩佐·法拉利的旗下，还聚集了一批天才的能工巧匠。工人们常常看到，法拉利办公室里的灯通宵达旦地亮着，他们知道法拉利又在构思新车。制造一个更完美的系列，这是他们老板一贯的追求。

经过多年的努力，恩佐·法拉利终于实现了自己的梦想，构建起了法拉利车系。法拉利车系是用每一汽缸的容积量（西西数）来作为车款代号的，这是法拉利赛车独步车坛的绝招。最能代表法拉利个性的是V型12缸引擎车，它那全铝质车体散发着动人的银白色光芒，它那如战马狂嘶般的排气音波，让恩佐·法拉利陶醉不已，这是他最得意之作。

法拉利赛车造型这样漂亮，品质这样优秀，恩佐·法拉利却并没有开着自己生产的赛车上下班，他驾驶的却是菲亚特131。法拉利夸奖菲亚特131是一辆很漂亮的汽车，说自己感到十分满足。对此，人们觉得不可思议：不开自己的车为自己打广告，反而开着其他制造商的车？这样的举动确实有些不合常理。

终于有一天，法拉利F1车队的名车手尼奇·劳达控制不住心中的好奇，问法拉利："你为什么不开自己生产的法拉利车呢？"法拉利反问他："你知道法拉利赛车的售价有多贵吗？"劳达顿时就明白了，老板舍不得开法拉利车是因为它太贵了，他自己实在舍不得开如此昂贵的跑车。

不过，虽然法拉利对自己很苛刻，但是他对赛车手们却一点也不吝啬。一次，劳达驾驶法拉利F1型赛车奋勇夺标，展示了法拉利跑车风驰电掣般的速度，于是，法拉利慷慨地奖励给劳达一辆珍贵的法拉利GTO赛车。其实，金钱的多少并不是衡量法拉利车的唯一标准。

在众多的车型中，最令恩佐·法拉利自豪的赛车却是F1型，因为，这款赛车是专为参加一级方程式比赛而设计的。一级方程式比赛是英国人伊莱克斯顿发起的，他和法拉利是好朋友。每当说起法拉利时，伊莱克斯顿就变得滔滔不绝："你可以和他做朋友，他是个值得信赖的人，他很清楚谈判的艺术就是获得'可能'的艺术，他从来不会和愚蠢沾边。他是成就了伟大事业的伟人，你在世界任何一个角落向别人提起法拉利时，谁都知道你在说什么。"两个人都有着不达目的决不罢休的性格，最后都成就了前无古人的事业。

为了在一级方程式大赛上取得胜利，恩佐·法拉利和工程师们一起苦苦钻研，改进赛车的结构和配置。面对其他竞争车队的挑战，法拉利明白，要想取得比赛的胜利，就要不断放弃旧的东西，创造新的东西。而眼下要做的事，就是不断推出新

型赛车。经过一次次的研究、设计、试验，法拉利和他的同事们推出了法拉利F1型赛车。

F1型赛车是一款优雅造型与强大功能完美结合的车型，并且创下了多项汽车制造史上的奇迹。F1型赛车的车头、车侧部分有着类似鱼鳃般的巨大导风入口，它们可以给发动机提供充足的空气，使制动系统保持良好的冷却效果；F1型赛车创下了超常时速，到目前为止，F1型赛车所创下的最高速度是每小时375公里；F1型赛车能够瞬间刹车，刹车时碳纤维刹车盘和轮毂摩擦产生热的温度最高可达1000摄氏度。一个驾驶F1型赛车的车手结束一场比赛后，差不多会从身上脱掉1.5升水，体重会减少2公斤。

一看见这款制造出来的新车，恩佐·法拉利喜笑颜开，心里的烦闷一下子变得无影无踪。他为法拉利车队的新车感到骄傲，他认为，这是他们目前为止生产出来的最棒的一款赛车。果然，一开上赛道，F1型赛车就在比赛中取得了胜利，这一胜利奠定了法拉利赛车在世界车坛上的至高地位。从那以后，F1型赛车在世界性大赛上先后获得了100多次胜利，至今还没有哪一种赛车能够打破这项纪录。

获得F1世界冠军的车坛名将中，迈克尔·舒马赫曾获得过7次世界冠军，稳居赛车史上的第一名，而他正是法拉利车队中驾驶F1型赛车的勇士。

第四节　迪诺跑车

> 父爱可以牺牲自己的一切，包括自己的的生命。
>
> ——达·芬奇

恩佐·法拉利的儿子乳名叫迪诺，生于1932年1月。法拉利十分疼爱他，甚至有人说，法拉利正是因为害怕自己在赛车中受伤而让小迪诺失去父亲，他才结束了自己钟爱的职业赛车手生涯，改行做了车队的经理。

小迪诺十分聪明，也许是受到父亲影响的缘故，他从小就对机械十分感兴趣。他总是在父亲的身边转来转去，用心学习各种汽车制造技术。长大以后，迪诺考进了意大利的贝朗尼大学，选择的主修科目是机械工程。为了应付以后一定会遇到的经营活动，迪诺还兼修了商科。大学毕业后，迪诺成为一名汽车发动机的设计师。他每天潜心于开发新式的6缸引擎，像父亲一样，每天都工作到很晚才回家。

恩佐·法拉利是著名的职业赛车手，深知这一行业的高度

143

危险性。因此，为了儿子的安全，他一直禁止迪诺接触赛车，平时还经常嘱咐儿子："千万不要开快车，以免出事。"为此，迪诺只能驾驶一些马力小的轿车，几乎没有开过高级跑车。

然而，不管法拉利多么爱自己的儿子，他还是无法阻挡降临到迪诺身上的不幸。在法拉利50岁那年，有一次迪诺觉得自己的身体十分乏力，于是就到医院做检查，检查结果对迪诺来说不啻晴天霹雳。医生告诉他，他患了白血病，迪诺不得不住进了医院。

得知儿子患白血病住院的消息后，法拉利十分难过。每天，不论工作到多晚，他都要赶到医院去。在医院里，法拉利先到医生那里了解儿子的治疗情况，然后再到病房里陪儿子待上一会儿。在儿子的病床旁，法拉利给他讲自己儿时的事情，有时也讲迪诺小时候的趣事。每到这时，脸色苍白的迪诺就好像忘记了自己的病痛，笑得异常高兴。看到儿子的笑容，法拉利也得到了些许安慰。但是，迪诺终于还是没能战胜病魔，他因肾功能衰竭不幸早逝，终年只有26岁。

儿子的去世，是恩佐·法拉利一生中所遭受的最沉重的打击，就如同赛车手瞬间没有把握住方向盘而酿成终生遗憾一样。迪诺死后，人们吃惊地发现，几天的时光就把悲恸欲绝的法拉利变成了一个老态龙钟的"老头儿"，人们几乎都快认不出他了。

举行过迪诺的葬礼之后，法拉利每天早上都会单独到儿子的墓前，坐在地上向儿子倾诉自己心中的思念之情。一想起儿子在世时的身影和笑容，他就禁不住流下痛苦的泪水。在墓前停留许久，法拉利又到一间教堂去为儿子祈祷。

为了纪念儿子迪诺，恩佐·法拉利强忍着巨大的悲痛，特别制作了一款以"迪诺"命名的搭载V6发动机的跑车。这款跑车体积较小，但马力强劲，最大功率达到158千瓦/8500转/分。这款前置发动机的迪诺跑车首产于1957年，也就是迪诺逝世的第二年。1958年，迪诺跑车赢得了世界赛车冠军；1960年，迪诺跑车又在意大利赛车场上赢得了欧洲格兰披治大赛冠军。

第五节　在困境面前

斗争是掌握本领的学校，挫折是通向真理的桥梁。

——歌德

对创新的不变追求和对工作的巨大热情，永远都是创业者获得成功的法宝。恩佐·法拉利就是一个勇于创新的工作狂，

他仿佛永远也不满足于已经取得的成就。他常常说："我最中意的赛车，是我还没有造出来的赛车；我最大的成功，是我还没有达到的成功。"这是法拉利一生所抱的信念，也是一贯追求的目标。

恩佐·法拉利除了组织车队参加汽车大赛外，还制造法拉利跑车，以求用出售跑车所获得的利润来支持自己的赛车计划。可惜的是，法拉利"以质限产"的营销策略虽然使法拉利跑车供不应求，但在经营上也使公司陷入了困境。小规模的生产使跑车数量不多，获利有限，难以支持车队庞大的开销，因而法拉利的车队陷入了经济困境。

一天，会计又来到法拉利的办公室，悄悄地向他汇报公司出现了亏损情况。法拉利何尝不清楚车队的巨大支出给公司造成的经济困境？但是，他又不能放弃汽车比赛，因为他知道，没有赛车就没有法拉利。

办公室里，恩佐·法拉利不停地踱步，冥思苦想。他希望自己能想出一个好办法，做出一项重大决策，这个决策必须能解决一个重大问题——怎样才能让法拉利车队走出眼前的经济困境？在经济收入和赛车事业这两件事情上，恩佐·法拉利把砝码放在了赛车事业上，就像所有伟大的创新家一样，他从不优先考虑任何个人的经济得失，而是不惜代价地使自己的事业成功。

1960年初，经过多次痛苦的考虑之后，恩佐·法拉利终于做出了出售法拉利公司的惊人决定。这个消息迅速传遍了世界车坛，许多汽车制造商跃跃欲试，打算接手这家最有名的赛车制造企业。

第一个真正前来接盘和法拉利谈判的是大名鼎鼎的美国福特汽车传人——亨利二世。在高大宽敞的办公室里，法拉利和福特汽车公司的大老板亨利二世的手握在了一起。亨利二世看着眼前这位扬名世界的赛车大师，禁不住流露出敬仰之情："我喜欢你的赛车，它真漂亮，真的像一位红衣少女。"

"谢谢！它是像一位美丽的红衣少女，不过，它可是一位不好驾驭的烈性少女哟！"法拉利笑着回答说。

"是的，它和阁下一样有着强烈的个性，让人敬佩不已。"亨利二世说。在初次的会面中，谁也没有首先谈起法拉利公司的出售问题。亨利二世心里很清楚，这可是眼前这位大师奋斗了几十年才结出的果实。如今，为了让自己的赛车事业继续进行下去而不得不出售自己的公司，这是一件多么痛苦的事情啊！

经过反复的谈判，亨利二世和法拉利最后都同意以500万美金成交，重新组建一家新公司。不过，在为新公司的名称谈判时，两人产生了分歧。亨利二世和恩佐·法拉利都是非常有个性的人，在新公司名称上，他们两个谁也不肯让步。鉴于

和创造世界名牌的人

一起放飞梦想

Let the dream fly

福特和法拉利两家公司的名称都是用字母"F"开头的，法拉利最后建议说："新公司的名称按字母顺序排，F作为开头，福特的第二个字母是O，我的第二个字母是E，按字母先后排列，因此新公司的名称应该叫法拉利福特汽车公司。"

"是我接盘购买你的公司，我的名字怎么能排在后面？"亨利二世一脸的不高兴，坚持要将"福特"放在新公司名称的前面。

"可法拉利赛车的名气要比福特赛车的名气大，用这个名字将来生产新品汽车要更好销售一些。"法拉利争辩说。

"法拉利先生，将来新车的投资主要由我来完成，所以应该将'福特'排在前面！"亨利二世站起身来在办公室里走过来走过去，情绪有点儿激动。

其实，法拉利这样计较谁先谁后，并非出于个人利益的考量，他只是担心自己的公司一旦归属于财势雄厚的福特公司之后，一是对方会借法拉利车的成绩宣传提高自己的形象，这是不利于意大利汽车工业的发展的；二是自己的赛车计划会受到一定程度的干扰。最后，法拉利没有多说什么，只是用告别的手势送走了亨利二世。这次合作不欢而散，亨利二世憋着一肚子气回到美国，此后他奋发图强，多年后，终于研发出了GT40超级跑车，成为赛道上唯一能超越"跃马"的"美洲豹"。

谈判失败同样给法拉利公司的发展蒙上了一层阴影，没有资金注入，恩佐·法拉利的赛车事业很难再向前迈出一小步。那些日子，意大利民众纷纷在报纸上呼吁意大利的汽车制造商站出来帮助恩佐·法拉利，帮助这位他们心目中的赛车英雄走出困境。

不知道是不是民众的呼吁起了作用，意大利著名的汽车制造商菲亚特公司出面了。菲亚特是一家实力强大的私有综合汽车制造公司，不仅生产经营各种汽车，还经营汽车公共跑线、高速公路、汽车竞赛路线。这家公司当年曾无情地拒绝了前来求职的青年法拉利，现在却向困境中的老法拉利伸出了援助之手。

菲亚特公司派来的谈判代表是恩佐·法拉利的老朋友，他十分敬仰恩佐·法拉利。实际上，无论是作为赛车手还是企业家，恩佐·法拉利都是一位值得敬仰的人。作为一名赛车手，恩佐·法拉利经历了无数次的成功与失败，但是他始终保持着那种可贵的冒险精神，因为他明白，冒险精神是创造新纪录的一剂灵药。而作为企业家，恩佐·法拉利开办汽车制造公司的目的，并不像其他企业家那样单纯是为了赚钱，他的最终目的是为了自己的赛车事业。因此，与恩佐·法拉利合作过的企业家们都十分尊敬他，他们都知道恩佐·法拉利是一位非凡的"企业家"。

和创造世界名牌的人

一起放飞梦想

Let the dream fly

在恩佐·法拉利干净明亮的办公室里，菲亚特公司谈判代表和法拉利宽厚的手握在了一起。

"你好啊，我的老朋友，我知道你遇到了困难，现在全意大利人都想帮助你，我们都喜爱你这位赛车英雄。"谈判代表用力握住了法拉利的手说。

"谢谢你，我的老朋友。我现在是有些困难，资金不够用，开发新赛车要用很多钱。"法拉利充满忧虑地说。

"你放心吧，多年来你奋力拼搏，在世界车坛上为意大利争得了巨大荣誉，现在你有困难了，大家怎么会坐视不管呢？"谈判代表说。

"请坐下吧，我的好朋友，请说说贵公司的条件。"法拉利有些急迫地说。

"好的。菲亚特公司提出的收购条件是不干预法拉利公司的赛车活动。"谈判代表一句话就打消了法拉利的顾虑。

恩佐·法拉利和菲亚特公司的谈判代表在一起谈了好多天，法拉利最满意的就是对方在今后不干扰自己赛车活动这一条件。最后，法拉利答应让菲亚特公司收购。虽然菲亚特公司拥有了法拉利公司50%的股权，但法拉利公司仍然可以独立运营。事实证明，这是一场双赢的收购。恩佐·法拉利依靠菲亚特公司的实力发展壮大了自己，而菲亚特公司则利用法拉利的高超技术和名人效应，赢来了欧洲最大汽车公司这一美誉。

菲亚特公司为法拉利承担了产品更新、质量改革等一系列的庞大费用，却没有从法拉利公司提取任何股息，也没有把资产转移到自己的名下。它只是把法拉利公司作为一个基地，用来培养面向未来的高级主管人才，积累管理整个公司和向世界市场出口汽车的经验。

即使在以后的经营中，菲亚特公司也总是支持法拉利，允许法拉利公司所取得的利润100%地投入再生产中。由于可以使用所获得的全部利润，法拉利不仅在20世纪80年代完成了1.55亿美元的投资项目，而且接着又实施了一项1.3亿美元的投资计划。菲亚特同法拉利在交换各自所需要的东西的过程中，达到了互惠互利的目的。

第六节　开办赛车训练学校

教师不仅是知识的传播者，而且是模范。

——布鲁纳

在世人眼里，恩佐·法拉利是一位传奇人物，他酷爱戴墨镜，言行十分神秘。对于自己正在设计的跑车的信息，法拉利

始终守口如瓶，不肯让外人知道。法拉利只对完全不懂造车工艺的新闻记者开放自己的工厂，让他们前来参观。

恩佐·法拉利虽然是赛车手出身，但却从来不参加赛车典礼，平时也很少离开自己工厂的所在地马拉利诺市，个人生活也相当低调。

爱车如命的恩佐·法拉利退出比赛后，从来不曾到赛道旁去看一看如同自己孩子般的法拉利车队。这无疑使那些渴望知道法拉利更多经历的人们觉得他越来越神秘，同时也增加了法拉利跑车的魅力和吸引力，使它成了千万车迷的"梦中情人"。

"法拉利先生，您可以为我讲一讲如何开好赛车的技术吗？""法拉利先生，我想向您学习赛车技术，可以吗？"在法拉利的身边，总有许许多多从世界各地慕名前来学习赛车技术的年轻人，他们来到自己仰慕的赛车大师身边，打算从每一个赛车技术诀窍学起，直到最后掌握一整套的比赛技巧。

看着这些勇敢的年轻人急切地想学习如何驾驭赛车的样子，恩佐·法拉利不禁想起自己小时候学开车的情形，也想起了自己的父亲，是他引导自己走上了赛车的道路。他想："要是能开办一所专门培训赛车手的学校就好了。"可是，恩佐·法拉利从没有办过教育，更没有建过学校，所以办赛车训练学校的事情因不知如何做起而被暂时搁置。

随着赛车运动在世界范围内越来越受欢迎，年轻人也越来越多地爱上参加这项运动，前来向恩佐·法拉利求教的人自然也越来越多。1963年，65岁的法拉利做出决定，在马拉利诺市创办了一家赛车训练学校，专门培训各地前来学习赛车技术的赛车爱好者。

视赛车为生命的恩佐·法拉利，经常抽空到学校里来，看看教师们对新车手的培训工作进行得如何。只要法拉利的身影一出现在学校里，学员们就会立刻把他围起来。这时，法拉利就会倾其所有，将自己掌握的赛车技巧如实地讲给学员们听。

看着恩佐·法拉利那充满了过人智慧与勇气的眼睛，望着他那高大的身躯和厚实有力的双手，学员们从心底里升起由衷的敬意。他们知道，法拉利讲授的赛车知识，都是非常实用的赛车驾驶的方法。有一次，正当法拉利给学员们讲解赛车要领时，秘书前来告诉他，有一件紧急的业务需要他去处理。望着同学们迫切而又有些失望的眼神，法拉利说："同学们，过一段时间我安排好所有的工作，专门来为你们上一堂赛车课，好不好？"学员们恋恋不舍地点着头，挥手送走了他们心目中的赛车英雄。

时间过得真快，一转眼，春天来了，小鸟在树林中飞来飞去。法拉利公司刚刚交付了一批订货，员工们可以暂时放松一下了。看到公司的经营状况良好，恩佐·法拉利的心里也十分

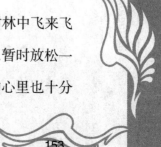

高兴。

这一天，恩佐·法拉利做完了自己的工作，驱车来到了赛车训练学校。一进校门，学员们就发现了他，纷纷聚拢过来，冲着缓缓而行的汽车欢呼起来："您好，法拉利先生，今天您有时间亲自给我们讲讲赛车吗？""法拉利先生，我十分喜欢听您讲课，能为我们讲一讲赢得赛车比赛的秘诀吗？"

恩佐·法拉利到训练学校来讲课，当然不像别的老师那样，讲得又系统又有理论。法拉利没有太多的理论，也没有系统的知识，只有实战经验。可学员们都十分渴望听法拉利讲课，他们认为，从敬爱的法拉利先生那里不但可以学到赛车技术，而且还能学到真正的赛车精神。这对一个赛车手来说，是至关重要的。

法拉利走下汽车，看着学员们一张张稚嫩的脸，从心眼儿里透出由衷的喜悦。他满怀希望地想着，在这些青年才俊里，说不定哪一位就是全世界都会为他欢呼的未来世界冠军。

法拉利开始讲课了："同学们，赛车运动是一项很好的运动，但也经常出事故。因此，安全是赛车手最需要关注的重要问题。"

法拉利走到车的前部，用大手拍了拍车的前轮，继续说："在赛车事故中，经常出问题的技术环节有许多，轮胎就是其中的一个环节。超快飞驰的赛车转弯时，车手一旦控制不好，轮胎就会由于转弯摩擦产生的高温而爆裂，这时赛车就会一下子飞出跑道，酿成惨祸。"

"还有，在汽车比赛中，速度就是生命。"法拉利拍了拍离他最近的一位学员的肩膀，冲他笑了笑，说，"要想有最快的速度，车手首先要选用有新技术保证的新款赛车，但也要考虑选用适宜的轮胎。F1型赛车轮胎的工作温度很高，在比赛中只要温度稍低一点儿，轮胎就变得容易打滑。质地较硬的轮胎组合比较耐用，但抓地力较小。因此，使用这种轮胎组合的赛车绕圈速度要稍微慢一些。质地较软的组合比较容易磨损，但抓地力较大，从而使赛车产生较快的绕圈速度，可这种轮胎很少能撑过100公里。"

在讲解的过程中，法拉利还经常用手势来强化技术讲解要点，他的语言通俗形象，富有感染力，学员们不仅能迅速理解赛车技巧，还能从中获得力量和信心。

每次当法拉利要离开学校回工厂的时候，总是不忘再回到学员们中间，对他们喊上一句："加油，法拉利！"

这时，学员们也总是充满激情地向他挥一挥拳头，高喊一句："加油，法拉利！"

第四章『赛车之父』缔造人生传奇

第七节 修建试车跑道

人需要有一颗牺牲自己私利的心。

——屠格涅夫

"要让赛车手在比赛中拥有最理想的赛车。"恩佐·法拉利总是对他的汽车设计师们提出这样的要求，但实际上，法拉利比谁都清楚，法拉利跑车是经过失败的严酷考验才冲出重围的。赛车的性能往往要到赛车场上才能得到真正的检验，因此，法拉利一直积极地让自己的车队参加各种汽车大赛，借以检验、宣传自己的赛车。法拉利赛车也不辜负他的期望，先后夺得了许多项大赛桂冠。

然而，在世界级汽车大赛中，法拉利设计的F1型赛车也曾发生过惨烈的事故，甚至现场的许多观众也在事故中受了伤。每当想到自己、同事们、赛车手以及整个法拉利车队为比赛所付出的代价，法拉利的心就变得格外沉重。如果自己的工厂能修建一条试车跑道，那该有多好啊！多年来，法拉利一直在想，如果有了这么一条试车跑道，汽车设计师和试车手就可以随时检验赛车的性能，而不必非得等到参加比赛了。

1972年，74岁的恩佐·法拉利做出了一个令人吃惊的决定——在马拉利诺修建一条试车跑道。这件事绝不像局外人想的那么容易，不仅需要花费巨资，而且因为修建试车跑道必须要模拟实战跑道，所以要求十分严格，工作也十分辛苦。人们都劝法拉利说："你是70多岁的老人了，事业上也取得了巨大的成功，应该在家里颐养天年了，何必那么自讨苦吃地去修什么试车跑道啊？"

满头银发的法拉利对他们说："要让赛车业有发展，就要不停地改进赛车。要不停地改进赛车，没有试车跑道怎么行呢？"对于自己认准的事，恩佐·法拉利就会义无反顾地去做。

试车跑道工程很快就启动了。老法拉利一如既往，仍保持着旺盛的工作热情，每天坚持要到跑道工地上去看一看，听取工地指挥长的汇报，还随时向他发布新的指令。运送铺路碎石的运输车排着长队从他眼前经过，卷起如烟的沙尘。卸掉石料后，车队又从他的眼前开过去。老法拉利沉醉其中，他在憧憬未来，追忆往昔。

他想到了自己儿时与父亲在赛车场上的往事，似乎又看到了赛车手最后冲过终点线时人们欢呼雀跃的场景；他也想起了自己的儿子迪诺，迪诺的勇气和才华是多么出众啊！要是今天

和创造世界名牌的人

一起放飞梦想

Let the dream fly

他还活着的话，看到这条即将建成的试车跑道，一定会和自己在这上面比一比，看谁跑得更快更好。

"哎！"老法拉利轻轻地叹了一口气，心中一片遗憾。痛失爱子的悲伤，多少年来一直在不停地折磨着他的心。自从儿子迪诺去世之后，法拉利就再也不靠近赛车场了，即使有法拉利车队参赛也是如此。

试车跑道终于建成了，看着工厂研发出来的新车在试车跑道上闪电般飞驰，老法拉利露出了开心的微笑。从此，他成了前来观摩试车的常客。有时候赶上下暴雨，参加试车的车和人都会受到不小的影响，但这也正是考验赛车和赛车手的时刻。每当这时，老法拉利就会想起年轻时观众在赛车场上向自己高声呼喊"雨中车神"的情景。

后来，法拉利汽车制造公司除了在这里进行新车试验外，还将这条跑道对前来购买法拉利跑车的人完全开放，让他们上路试开，以便详尽了解法拉利跑车的各项性能，领略法拉利赛车的神韵。

第八节 特别的生日礼物

> 生命的长短以时间来计算，生命的价值
> 以贡献来计算。
>
> ——裴多菲

老法拉利与菲亚特公司一直保持着良好的合作关系，菲亚特公司以高度的尊重和信任，为恩佐·法拉利提供完全自由的创造空间，并慷慨地向他提供研发新车的巨额经费，支持他独立研发全新的"红鬃烈马"。

老法拉利每天早上7时30分准时到达办公室并全神贯注地投入到工作中。尽管此时的法拉利已近90岁高龄，但他还能清楚地记得赛车部每一个员工的名字。在一级方程式大赛中取得的每一次胜利，都会让老法拉利兴奋不已。用车手阿尔贝托的话说："就好像替恩佐·法拉利换了血一样。"毫无疑问，恩佐·法拉利对赛车事业的挚爱延长了他的生命。

1985年6月的一个上午，在办公会议上，87岁的恩佐·法拉利向菲亚特公司负责人提出了打造"超级跑车F40"的计

划。老法拉利开门见山地说："我们生活在一个飞速发展的高科技世界。不过，这一次我想尝试着把时钟倒拨，制造一辆简单的好车，一辆具有现代人性的跑车。"

听到这个奇思妙想以后，一时间菲亚特公司的董事们既没有人提出异议，也没有人表示赞同。足足静默了半分钟之后，全场突然爆发出热烈的掌声，大家一致通过了这项计划。他们知道，坐在他们面前的这位车坛巨人，不久将会给他们展示一辆绝代赛车。

一年以后，1986年6月6日，法拉利工厂里到处张灯结彩，喜气洋洋。工厂里几乎所有的员工都跑到汽车生产线的终端，挤在那里等候他们敬仰的老板法拉利为下线的新车剪彩。88岁高龄的老法拉利面带自豪的微笑，站在生产线的终端等待着。

当新车随着生产线缓缓来到法拉利眼前时，他颤巍巍地迈步走上前，轻轻地抚摸它，激动得流下了眼泪。顿时，全场响起一片热烈的掌声，那掌声足以让每一个人感动。这时，不知是谁喊了一句："加油，法拉利！"瞬时，全场响起了热情的呼喊："加油，法拉利！加油，法拉利！"那个场面，让恩佐·法拉利终生难忘，幸福的泪水不断地从他的眼睛里奔涌而出。

老法拉利双手握在一起，高举过头顶，他无比动情地说："我就要抵达人生的终点了，我要衷心地感谢你们，我的朋友们！"在全体员工的热烈掌声中，恩佐·法拉利为当时全世界最快的F40超级跑车剪了彩。

这辆拥有480匹马力、极速高达394公里的F40，是法拉利员工送给恩佐·法拉利的一份特别的生日礼物。因为，"F"是"法拉利"的缩写，"40"则是纪念法拉利车厂生产跑车40周年。

这辆超级跑车一面世就立即成为世界上最强劲的跑车之一，它不负众望，不仅在当年的国际车展上大放异彩，让世人目睹了它的风姿，而且还勇夺了利曼大赛的冠军。

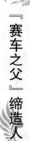

Ferrari

第五章　历经挫折重现
　　　　往日辉煌

Ferrari

第一节　紫罗兰警语

人必须不断地工作，否则会有死亡的念头。

——恩佐·法拉利

从儿时父亲在他的生日聚会上送给他第一辆玩具车开始，赛车梦就一直伴随着恩佐·法拉利，并深深地植根在他脑海深处。也就是从那一刻起，法拉利把自己的一生和全部精力都奉献给了这个正在冉冉升起的汽车产业，并用澎湃的热情去触摸那个梦想。现在，恩佐·法拉利已经从一个无知小儿变成了一个白发老者，儿时的梦想已经变成了现实，并且极大地影响和改变着世界，改变着人们的生活。

不过，这个89岁高龄的老人仍然没有停止追梦的脚步。每天，他仍然像钟表上的时针一样守时，孜孜不倦地守护着他的法拉利跑车王国。对他来说，这已不是工作，而是他的生命。

1988年8月14日，恩佐·法拉利因心脏病在故乡摩德纳去世，享年90岁。当这位伟大的赛车之王去世的消息传出后，世界各地的赛车手们为他举行了悼念仪式，他们以各种方式向自

己最崇敬的人致敬。

与法拉利结识60年的老朋友，赛车手、意大利著名记者鲁拉尼这样评价恩佐·法拉利："法拉利不论是当赛车手、车队经理、赛车制造者，还是汽车公司老板，都永远是一个榜样。"意大利总理则深情地说："我失去的是一位能够象征意大利的朝气，敢于冒险、不屈不挠以及在技术领域锐意进取的楷模人物。"为了纪念这位富于创新精神的世界车坛传奇人物，人们为他题写了这样的墓志铭：意大利最伟大的跑车制造者与赛车手。

恩佐·法拉利去世后，他的义子，时任法拉利车厂副总裁的皮耶洛以"法拉利意象"为主题，公开了法拉利车厂的一项秘密档案。皮耶洛说："如果父亲仍然活着，或许他不怎么喜欢这个展示构想。但是，展示会的目的不在于宣传，而在于呈现一个终生奉献工作的人。"

公开展示的法拉利档案内容丰富，包括精细的技术绘图和生动的空气动力模型，同时陈列了9辆法拉利的经典之作，包括1949年完全由手工打造的巴尔基塔。这项空前的展览，最初在意大利的佛罗伦萨开幕，随后在法国巴黎、德国慕尼黑各地巡回展出，最后在美国的纽约结束。热爱法拉利的人们纷纷前去参观展览。

2004年12月，菲亚特兼法拉利集团总裁卢卡·科尔戴罗·迪·蒙特兹莫洛主持会议，确定了法拉利纪念馆的建设方案。他们准备在创始人恩佐·法拉利的诞生地建立一座纪念馆，以供世人缅怀与纪念。

人们永远也不会忘记，法拉利所生产的汽车曾赢得过世界各地的5000多项赛事，曾经囊括了25项世界冠军杯。恩佐·法拉利在赛车史上创造了一个奇迹，给现代生活带来了一种全新的思想，这就是勇往直前、永不懈怠的创新精神。

在生产法拉利赛车的马拉利诺工厂，法拉利办公室的办公桌下压着一行字，那是他用自己家族专用的紫罗兰色墨水笔书写的：人必须不断地工作，否则会有死亡的念头。世人称他所写的这行字为"紫罗兰警语"。

第二节　在赛车平民化中重生

> 应该让别人的生活因为有了你的生存而更加美好。
>
> ——茨巴尔

恩佐·法拉利辞世后，1991年11月，卢卡·科尔戴

罗·迪·蒙特兹莫洛出任法拉利汽车制造公司新任总裁。这位在青少年时代就对法拉利超级跑车情有独钟的CEO，与法拉利有很深的渊源。1974年—1977年，卢卡·迪·蒙特兹莫洛担任法拉利汽车制造公司体育部经理，凭借自身独有的体育赛事市场营销绝技，他把法拉利超级跑车两度推上了世界大奖赛冠军的宝座。17年之后，蒙特兹莫洛终于实现了自己多年的心愿，成为法拉利汽车制造公司的掌舵者。

在这17年中，蒙特兹莫洛经历了法拉利兴衰的全过程，不仅目睹了法拉利超级跑车的无限风采，而且直面了法拉利跑车的衰败惨状；不仅听到了法拉利汽车制造公司供不应求的仰天长啸，而且闻得了法拉利汽车制造公司隐性滞销的垂头短叹。最重要的是，蒙特兹莫洛找出了法拉利超级跑车今不如昔的根结所在。

法拉利汽车制造公司创始人恩佐·法拉利设计制造法拉利超级跑车的唯一目标是速度，这一指导方针虽然使得法拉利超级跑车以其独具的诱人魅力迅即成为世界跑车市场的"新宠"，但却不可避免地带来了"普通人驾驶不太舒适、仅对专业赛车手和飙车族有吸引力"等后遗症。这种局限性使得法拉利超级跑车自断前程，难以被更多的潜在用户所接受。

从这一点出发，蒙特兹莫洛一改法拉利汽车制造公司"更新颖、更快速、更豪华，取悦于吞了豹子胆的勇士们"的传统产销理念，提出了"面向大众，走向世俗"的全新促销理念，以求法拉利超级跑车早日脱胎换骨，成为每一位驾车者张扬个性的潇洒工具。

蒙特兹莫洛在逐渐深入到法拉利汽车制造公司的经营管理最底层后，真切地感受到法拉利汽车制造公司产销方略的严重滞后性——产品的种类与特性、生产、销售、服务的运作形式以及员工的精神风貌等，无不落后于世界车坛的各大汽车制造公司。为此，蒙特兹莫洛提出了"变一味贪图速度为又快又舒适"的大胆设想。他重新调配了设计制造的各个环节，接连推出了9种法拉利超级跑车新车型，彻底改变了只有两种车型的传统产品结构；逆"引擎后置"的造车传统而动，设计制造出了"引擎前置"的划时代超级跑车；一反"讨好贵族阶层"的设计理念，果断推出了"面向平民阶层"的低价位、高舒适、普及型超级跑车——售价仅为16万美元的法拉利355型超级跑车。

此外，对那些渴望拥有一辆自己钟爱的法拉利超级跑车的消费者，蒙特兹莫洛总是想法设法地为其提供尽善尽美的超一流服务。例如，每种型号的跑车着色有18种之多，充分满足购车者的独特审美需求；开放公司自备的试车跑道，让每位购车者详尽了解法拉利超级跑车的各项性能，在具体操作中领悟赛车技巧；为每位购车者专门提供"度身定造"服务，只要购车

者能想到的车型，法拉利汽车制造公司都会为其精心设计制造出来，让购车者拥有一辆凸现个性的"梦之车"；专门设立各种新型跑车展示厅，让每一位购车者根据自己的经济状况，挑选自己中意的一款法拉利超级跑车。

至于那些买不起法拉利超级跑车的车迷们，蒙特兹莫洛千方百计地为他们推出各种独具特色的纪念品，如法拉利超级跑车模型、皮夹克、手套、泳装、标志牌等，这些纪念品日渐成为法拉利汽车制造公司第三产业的支柱产品，每年的盈利额竟占到公司总利润额的10%。法拉利超级跑车钥匙串、T恤衫、手表、浴袍、帽子等，虽然仅值几个里拉，却充分满足了车迷们的炫耀心理。

在跑车领域，蒙特兹莫洛小心谨慎、力求盈余；在赛车领域，蒙特兹莫洛却坚信大投入才能带来大回报。从他上任的那一天起，就开始了大规模的"引援"行动：建筑家伦佐·皮亚诺为法拉利设计了风洞，传奇赛车手尼克·劳达被请回来担当顾问；日本人后藤被请来设计发动机；最重要的变化是法国人托德被任命为车队的负责人，在法拉利车队的历史上，这是他们第一次由非意大利人来掌管车队。

蒙特兹莫洛在法拉利进行了大刀阔斧的改革后，把目光转向了沉寂已久的法拉利车队。1996年，蒙特兹莫洛从贝纳通车队请来了舒马赫，经过两年的磨合，舒马赫终于在1998年爆发，为车队赢得了19年来的首个个人冠军。

一年后，法拉利车队夺回了年度车队总冠军，并在此后实现了"五连冠"。在这个赛季，仅仅5站之后，法拉利车队就已经远远甩开了其他车队，显示出不可阻挡的夺冠势头。正因为法拉利近几个赛季来所取得的辉煌成绩，使得人们似乎淡忘了一个事实——法拉利公司制造的是民用跑车。

舒马赫从大奖赛中收获的不仅仅是胜利，还收获了很多荣誉。当你提到别的运动员的名字时，被问到的人或许并不能立刻判断出他所从事的运动项目。当提到舒马赫的名字的时候，人们的第一个想到的就是F1。这就是区别，这也是舒马赫对F1重要性的最简单说明。

对于这样的天才，蒙特兹莫洛更是关照有加。舒马赫曾对外界说："我要感谢蒙特泽莫洛，他曾对我说'想要开车到100岁，那你就开到100岁'。为此我肯定不会成为另一支车队的赛车手。相当肯定，当我从F1退役之后，我仍然会与法拉利和菲亚特一起从事其他活动，我将成为一个代言人，这已经写在我的合同里。其实不需要任何合同之类的东西，因为过去几年中我们之间建立了非常高的互相信赖的关系。"

在历经劫数之后，法拉利汽车重新回到了世界的汽车产业最高峰。它变得更受人欢迎，但是没有人否认法拉利跑车依然是一件艺术品，法拉利依然是许多人心中的一个梦。所有这一

切与蒙特兹莫洛个人的努力是分不开的。

蒙特兹莫洛在2003年成为菲亚特的新掌门。

第三节　法拉利在中国

> 我最中意的赛车，是我还没有造出来的
> 赛车；我最大的成功，是我还没有达到的成
> 功。
>
> ——恩佐·法拉利

2004年9月24日，这一天注定会成为中国车坛值得纪念的一个日子。法拉利F1车队首次来到中国，参加F1锦标赛，这也是法拉利这个享誉世界的跑车之王与中国百姓真正意义上的第一次亲密接触。看看赛场看台上红色的海洋，你就会知道，法拉利在中国有多受欢迎。虽然真正能买得起它的人并不多，而真正了解它的人更是微乎其微。

1992年10月17日，中国正式进口了第一辆法拉利跑车，这被视为法拉利进入中国的标志。2004年，法拉利跑车在中国一年的销量竟然达到了42辆。2011年，法拉利大中国区的销售

和创造世界名牌的人

一起放飞梦想

Let the dream fly

量为777辆。不过，法拉利车在多数人的心中更多的还是停留在早时的那个跑车情结，而中国新闻媒体上对法拉利每款跑车价格与性能的关注，也远远地超过了对法拉利精神与内涵的讨论。

中国第一辆法拉利的车主是商人李晓华，这部车是法拉利348型跑车。李晓华和他的红色法拉利在天安门广场的巨幅照片曾经悬挂在法国巴黎机场和里昂广场，当时任法国总统的希拉克在会见李晓华时说："我第一次见到你是在法国的里昂广场的那幅照片上，你站在法拉利跑车的旁边，很神气。"而其他车主出于各种考虑，他们开着张扬的车，却不太愿意出现在大众的目光下，而隐藏在新闻媒体的灯光之外。

现在，让我们一起回顾一下法拉利进入中国的历史：1992年，第一辆法拉利跑车进入中国北京，首间法拉利展厅同时开幕；1995年，法拉利及玛莎拉蒂在广州参与和记行集团巡礼，法拉利展厅于上海开幕，同年法拉利及玛莎拉蒂参与了1995年上海国际车展；1997年，法拉利F355世界巡游——故宫站暨新法拉利展厅于北京开幕；1999年，"法拉利驰骋日"在珠海举行，同年法拉利360Modena于长城居庸关举行发布会；2000年，法拉利及玛莎拉蒂参与了2000年北京国际车展；2003年，法拉利及玛莎拉蒂参与了2003年上海国际车展，在北京举行了"法拉利进入中国十周年"庆祝活动暨玛莎拉蒂"总裁系列"

和创造世界名牌的人

一起放飞梦想

Let the dream fly

新车发布晚会；2003年底，全新法拉利及玛莎拉蒂展厅于上海开幕；2004年，法拉利F1车队在上海参加F1中国大奖赛；2005年4月，法拉利公司在上海举行了法拉利中国车主派对，并与玛莎拉蒂一起参与了2005年上海国际车展；9月份携手南京菲亚特公司开展了"共创红色中国万里行"活动至今。我们清楚地看到，在中国，法拉利跑车正从高高的神台上逐步走入大众之中。法拉利公司带给中国人的除了那些漂亮至极的跑车以外，更多的是一种法拉利的"跃马"精神。

2005年4月，在上海光大会展中心，法拉利公司为它的中国车主举办了盛大的车主聚会。那个夜晚，尽管夜空中飘起了小雨，但是会场前的广场上那个由车主们精心设计，摆放成火箭形状的法拉利车群还是造成了光大会展中心附近交通拥堵，因为太多的人想看一看这个梦一般的盛景，想圆一个可能在儿时就有的法拉利之梦。当天晚上，许多名人以及许多隐秘的富豪都作为嘉宾出席，没有人做主题发言，充分体现了人人平等的赛车精神，这才是法拉利红之所以扬名整个世界的奥秘。

2012年，为庆祝跃马中国二十周年庆典，法拉利推出了专为中国市场打造的458Italia中国限量版跑车，它的设计灵感来源于跨界艺术设计师马兴文先生所创意的"龙马"主题，限量发布仅20辆。作为中国传统文化的至尊图腾，龙代表着无上的尊贵和荣耀，而法拉利"跃马"标徽则是意大利文化与卓越工业成就的杰出象征之一，458Italia中国限量版跑车完美地诠释了"龙马精神"所寓意的奔放活力，是法拉利与中国携手20载辉煌历程的见证，同时也表达了对未来的展望。

众所周知，法拉利没有现货，车主们下订单之后，要等待很长一段时间才能收到自己想要的车。这种等待方式，又在无形中提升了法拉利品牌的独特魅力，即必须要有足够的耐力，拥有足够的财富只是最低要求。

法拉利中国公司总经理安吉喜说："法拉利是极难极难获得的，只有极少数的人，可以买到法拉利。如果你只有40部车可以供应，但是有200位潜在的车主在等待，那么，只有一件事情你是可以保证的，只有那些最热爱法拉利车的车主才能耐心地等下去。他们买的车并不仅仅是一种身份的象征，因为如果只是显示身份，可以去买其他车辆而无需等两年之久。他们想要拥有的是独一无二的法拉利车。只有这样的人，才能真正成为一部法拉利车的主人。"

法拉利要的就是这样的热爱，唯有这样热爱车的人才能真正懂得法拉利车，才能真正珍爱这件艺术珍品。正是因为恩佐·法拉利对于人性和欲望有着深刻的体验，所以才会在40年前公司创立时就定下一天生产不超过17部整车的"法拉利定律"，时至今日，法拉利公司依然保持这个定律，全年产量仍只有5000辆左右。

和创造世界名牌的人

一起放飞梦想

Let the dream fly

更加不能忽略的是，法拉利F1车队为法拉利品牌在中国的普及做出了难以估量的重要贡献。做一个随机调查就会发现，90%以上的中国人最喜欢的车手是舒马赫，最喜欢的车队是法拉利。在法拉利F1赛车专辑的扉页上写着这样一句话："独自一人的时候我们只是男人，但是当我们成为团体的时候，我们就是冠军。"

从1947年到2004年底真正进入赛道开始，法拉利车一共获得5000次赛事的胜利。其中，包括F1赛事中的14次车手世界冠军；14次F1赛事的车队世界冠军，不下182次一级方程式大奖赛分站赛冠军。另外，法拉利还夺得过14次制造商世界赛事的冠军。正是这些几乎数不过来的赛事冠军，让法拉利品牌有了其他品牌无可比拟的光辉历史。

中国自古以来就有"成者王侯败者寇"的观念，中国人喜欢赞美王者，崇尚王者，而正是法拉利F1车队的巨大成功，让更多的中国人爱上了这匹红色的"跃马"，喜欢上了永远拼搏、创新、进取并拥有巨大梦想的法拉利精神。

结　语

　　法拉利的创始人恩佐·法拉利有着典型的意大利人的性格，热情洋溢，激情似火。只要他认为对的事，就会义无反顾地做下去，在他的人生词典里没有"不可能"三个字。年轻的时候，他是个优秀的赛车手，即便是结了婚也成天泡在赛车场，似乎赛车才是他最亲密的爱人。

　　赛车运动危险性极高，恩佐·法拉利如此痴迷其中让妻子整日担惊受怕。每一次外出比赛他的妻子从来不去现场观看，总是在恐惧中煎熬。

　　一次大赛将临，在赛车场调试赛车的时候，恩佐·法拉利遇到一名来自英国的著名车手。此人可以在赛车转弯的时候不用减速，这成了他超越对手的独门功夫。车手言谈中流露出的轻慢激怒了恩佐·法拉利。于是，他不顾朋友的劝阻，发誓一定要掌握这门技术，他近乎疯狂地驾驶赛车跑了一圈又一圈，终于，他成功了。当朋友们终于放下悬着的一颗心，向疲惫不堪从车上下来的恩佐·法拉利迎上去的时候，却看见他脸上表情极其怪异。短暂沉默之后，他开口了，第一句话却是："我再也不开赛车了！"所有在场的人都目瞪口呆了，他径直回到家里，告诉妻子这一决定。

妻子开始也无法相信，等到明白过来的时候，她多年忍受的委屈和惊吓终于如决堤之水般奔涌而出，她痛哭失声。整天脑子里只有赛车、一门心思挑战速度极限、时刻与死神为伍的恩佐·法拉利，在极度疯魔的情形下突然醍醐灌顶，感觉到了生命的宝贵，做出了重要的一个选择。

放弃赛车运动的恩佐·法拉利却不可能离开赛车，他做的第一件事就是成立自己的车厂。当时的他可以说是一无所有，但却夸下海口，要造世界上最好的赛车，所有的人都认为他是痴人说梦。可就是这个一文不名的恩佐·法拉利却有着无可比拟的激情，他那狂热无比、坚毅自信的眼神仿佛具有强大的魔力，感染着身边的每一个人。正是这种从全身上下每一个毛孔里发散出来的激情，征服了当时意大利最好的汽车设计师，他只见了一面就心甘情愿放弃了原来薪水优厚的工作，和恩佐·法拉利从零开始创业。后来，恩佐·法拉利很轻易地说服了大公司的老板为他的车厂注入资金，法拉利的传奇终于拉开了序幕。

其实，真正深深打动人心的并不是那些华贵的跑车，而是恩佐·法拉利身上无时无刻不在闪耀着的激情和对于梦想全力以赴的执着。诚然，他性格粗放，甚至没接受过什么教育，但是，他为了梦想从不放弃，决不妥协。他自始至终忠实于自己誓言的坚强性格，放射出了最真诚、最本质的人性光辉。

其实，我们每个人都有一个绚丽多姿的梦，儿童会有，青年会有，中老年也会有。比如，在很小的时候，我们就常常豪情满怀地谈论自己的梦想；青年时期，我们还会不断地思索青春的追求。到了中年，虽然我们很沉默，虽然我们很平凡，但我们仍会在沉默中审视生命，在平凡中抒写壮怀。

泰戈尔曾经说过："天空虽不曾留下痕迹，但我已飞过。"是的，作为一个个体，我们也曾有过困惑、有过无奈，甚至有过妥协和放弃，但梦想始终就在眼前，因为在人生的旅途中、在发展的路上、在平凡的求学道路和工作岗位上，我们也曾为学习、为生活、为事业、为前途和命运，奉献过青春和激情！

诚如恩佐·法拉利，他坚持了自己的激情和梦想，并用这种激情和梦想成就了自己伟大的一生。拥有梦想，才会拥有未来。每个人都拥有梦想，每个人都期盼将来只有如恩佐·法拉利般坚持，我们的梦想就会照进现实。